왜곡되고 잊힌 분단과 6·25 전쟁의 진실

왜곡되고 잊힌 분단과 6·25 전쟁의 진실

발행일   2025년 10월 20일

지은이   정성
펴낸이   손형국
펴낸곳   (주)북랩

출판등록   2004. 12. 1(제2012-000051호)
주소   서울특별시 금천구 가산디지털 1로 168, 우림라이온스밸리 B동 B111호, B113~115호
홈페이지   www.book.co.kr
전화번호   (02)2026-5777   팩스   (02)3159-9637

ISBN   979-11-7224-905-2 03910 (종이책)   979-11-7224-906-9 05910 (전자책)

잘못된 책은 구입한 곳에서 교환해드립니다.
이 책은 저작권법에 따라 보호받는 저작물이므로 무단 전재와 복제를 금합니다.
이 책은 (주)북랩이 보유한 리코 인쇄 장비 등 자체 생산 인프라를 통해 제작되었습니다.

작가 연락처 문의 ▶ ask.book.co.kr
작가 연락처는 개인정보이므로 북랩에서 알려드릴 수 없습니다.

(주)북랩 성공출판의 파트너
북랩 홈페이지와 SNS에서 다양한 출판 솔루션을 만나 보세요!
홈페이지 book.co.kr   •   블로그 blog.naver.com/essaybook   •   출판문의 text@book.co.kr
카톡채널 북랩

왜곡된 역사를 넘어, 자유와 안보의 가치를 일깨우는
한 퇴역 장교의 비망록

The Distorted and
Forgotten Truth of
Division and
Korean War

왜곡되고
잊힌 분단과
6·25 전쟁의
진실

정성 지음

*북랩

서문

1945년 8월, 해방의 기쁨은 오래가지 못하고 곧바로 분단으로 이어졌다. 분단의 기원은 소련의 기습적인 한반도 침공이었다. 이 분단은 동족상잔의 비극인 6·25 전쟁으로 연결되었다.

On August 15, 1945, the joy of liberation was short-lived, giving way almost immediately to a division that was rooted in the Soviet Union's sudden invasion of the Korean Peninsula. This division culminated in the tragedy of the Korean War, a fratricidal conflict that erupted on June 25, 1950.

소련은 1943년 11월 테헤란 회담과 1945년 2월 얄타 회담에서 대일본 전쟁에 참전하겠다고 약속하고는 참전하지 않았다, 그러나 히로시마와 나가사키에 원자폭탄이 투하되자, 한반도를 기습적으로 침공하여 8월 24일 평양에 무혈 입성하였다.

Although the Soviet Union had pledged at the Tehran Conference in November 1943 and the Yalta Conference in February 1945 to join the war against Japan, it delayed action. Only after the atomic bombings of Hiroshima and Nagasaki did the Soviets launch a surprise invasion of the Korean Peninsula, marching into Pyongyang without resistance on August 24.

　소련은 한국의 독립을 결의한 카이로 회담의 당사국이 아니었으며, 일본과의 전쟁에도 참전하지 않았기에, 미국은 소련군의 한반도 기습 침공과 급속한 남하에 크게 놀랐다. 미국은 한반도 전체가 소련에 점령되는 것을 막기 위해 38선을 군사분계선으로 제안하여 한반도는 분단되었고, 동족상잔의 비극인 6·25 전쟁으로 이어졌다.

　The Soviet Union was not a party to the Cairo Conference, which had resolved Korea's independence, nor had it participated in the war against Japan. Thus, the United States was greatly shocked by the Soviet Army's surprise invasion of the Korean Peninsula and its rapid southward advance. In order to prevent the entire peninsula from falling under Soviet occupation, the United States proposed the 38th parallel as a military demarcation line, which led to the division of Korea and eventually to the tragedy of the Korean War (the 6·25 War), a fratricidal conflict.

　6·25 전쟁은 김일성과 스탈린의 치밀한 기획 아래 중국의 군사적 지원이 더해져 한반도 전체를 공산화하려는 목적으로 발발하였다. 이에 맞서 대한민국은 미국과 유엔 그리고 자유세계의 결집된 지원을 받아 간신히 기사회생할 수 있었으나, 그 대가는 수

많은 피와 희생이었다. 만약 미국과 국제사회의 단호한 결단이 없었다면 대한민국은 공산 체제에 편입되어 오늘날의 자유와 번영을 누릴 수 없었을 것이다.

The war broke out as a result of meticulous planning by Kim Il-sung and Joseph Stalin, reinforced by direct military support from China with the aim of communizing the entire Korean Peninsula. In response, the Republic of Korea barely managed to survive, sustained by the decisive support of the United States, the United Nations, and the broader free world. Yet the price was immense bloodshed and sacrifice. Without the resolute determination of the United States and the international community, South Korea would have been absorbed into the communist bloc, deprived of the freedom and prosperity it enjoys today.

그러나 6·25 전쟁의 진실은 수십 년 동안 왜곡과 조작 속에 가려져 왔다. 일부 서술은 이 전쟁을 단순한 내전으로 축소하고, 미군을 점령군으로, 소련군을 해방군으로 묘사하였다. 더 나아가 "오판"이라는 논리를 내세워 6·25 전쟁을 "미·중 대리전"으로 규정함으로써, 전쟁을 일으킨 원흉인 김일성에게 면죄부를 주는 왜곡된 서사를 만들어 내기도 했다.

However, the truth of Korean War has long been obscured by decades of distortion and fabrication. Some narratives have reduced the war to a mere civil conflict, depicting U.S. army as occupiers and the Soviet army as liberators. Furthermore, by advancing the argument of "miscalculation" and framing the Korean War as a "U.S.–China proxy war," they created a distorted narrative that absolved Kim Il-sung — the instigator of the war — of his responsibility.

이러한 왜곡은 한국 사회를 혼란에 빠뜨릴 뿐 아니라, 자유를 지키기 위해 목숨을 바친 이들의 숭고한 희생을 모독하는 행위다.
Such distortions not only sow confusion within Korean society but also dishonor the noble sacrifice of those who gave their lives in defense of freedom.

저자는 방대한 역사 사료와 국제적 기록을 토대로 6·25 전쟁의 기원, 발발, 전개, 결과, 양민 학살, 이승만 대통령 서울 철수 그리고 6·25 전쟁 이후 전개된 논쟁까지 균형된 시각으로 검토하였다.
The author has examined the origins, outbreak, development, and consequences of the Korean War along with civilian massacres, President Syngman Rhee's withdrawal from Seoul, and the debates that unfolded after the war from a balanced perspective, drawing on extensive historical sources and international records.

『왜곡되고 잊힌 분단과 6·25 전쟁의 진실』은 잊혀 가는 전쟁의 본모습을 회복함으로써 전몰장병들의 희생을 기리고, 독자들에게 분명한 역사적 이해를 제공하며, 미래 세대가 자유, 이념 그리고 국가 안보의 소중한 교훈을 결코 잊지 않도록 하는 데 그 목적이 있다.
『The Distorted and Forgotten Truth of Division and Korean

War』 seeks to restore the true face of the war that must never be forgotten, to honor the sacrifice of fallen soldiers, to provide readers with a clear historical understanding, and to ensure that future generations never lose sight of the vital lessons of freedom, ideology, and national security.

서문   5

1장   해방과 분단의 시작

소련의 기습적인 한반도 침공   15
8·15 해방, 북로당·남로당과 대한민국 정부 수립   19
해방 이후 남한의 이념 대립과 신탁통치 찬반   23
미·소공동위원회와 좌우합작운동   28
남북한 유일 합법정부 주장과 한반도의 이중 권력 구조   31
소련군정 vs 미군정: 해방군인가, 점령군인가?   35
에필로그   41

2장   김일성과 스탈린의 6·25 전쟁 기획

김일성과 스탈린의 침략 계획   47
모택동의 동의와 중공의 역할   52
김구의 방북과 회담의 실체   53
북한 내부의 전쟁 세력과 전쟁 준비   56
에필로그   62

3장   남침과 최후의 보루 낙동강 전선 구축

1950년 6월 25일 전면 남침	67
북한군 파죽지세와 서울 점령	71
춘천·홍천·강릉 주둔 국군의 초기 방어	74
이승만 대통령의 서울 철수	76
한강 방어선 구축	78
맥아더 장군의 전선 시찰과 인천상륙작전 구상	80
북한군의 3개 축선 진격과 낙동강 전선	83
에필로그	85

4장   대한민국의 기사회생과 반격의 시작

유엔 안전보장이사회 결의안 통과와 유엔군의 긴급 참전	89
인천상륙작전과 서울 수복	92
북진과 평양 점령	95
김일성의 만주 망명 시도	97
맥아더 장군의 만주 폭격 계획	100
중공군의 개입과 1·4 후퇴	102
장진호 전투와 유엔군의 전술적 퇴각	104
백마고지·펀치볼 주요 고지전	106
휴전 협상과 한미상호방위조약	108
에필로그	110

5장 양민 학살의 실상

미군 및 국군에 의한 민간인 학살 사례 … 115
북한군 및 중공군의 계획적 학살: 보도 연맹, 교회 학살, 납북 … 119
전시 혼란, 오폭과 계획적 학살 … 122
피해 규모와 국제사회 반응 … 126
에필로그 … 128

6장 6·25 전쟁의 기원과 역사 해석의 논쟁

브루스 커밍스의 주장: 『한국전쟁의 기원』 … 133
브루스 커밍스의 6·25 전쟁 이전 남북 무력 충돌 주장 오인 … 135
'북진통일론'과 '미국의 묵인' 관련 브루스 커밍스의 오인 … 139
브루스 커밍스의 '북진통일론'과 '미국의 묵인' 주장에 대한 학계의 반론 … 141
종북 및 좌파 담론의 왜곡 사례: 교과서, 언론, 정당 … 143
프랑스 지성계의 평가와 국제 학술 담론 … 145
북한의 책임론과 침략 근거의 결정적 문서들 … 147
KBS 다큐멘터리 〈1950 미중전쟁〉: 내용과 문제점 … 149
에필로그 … 151

7장 결론: 피로 지켜 낸 자유의 역사

참고 문헌 … 158
미주 … 169

1장

해방과 분단의 시작

소련의 기습적인 한반도 침공

1945년 8월 15일 해방의 기쁨은 잠시였고, 곧바로 분단으로 이어졌다. 분단의 기원은 소련의 기습적인 한반도 침공이었으며, 분단은 동족상잔의 6·25 전쟁으로 이어졌다.

제2차 세계대전 중 일본의 패전을 예견한 미국 루즈벨트 대통령의 주도로, 전후 처리를 위한 회담이 1943년 11월 23일부터 26일까지 이집트 카이로에서 열렸다. 이 회담에는 미국의 루즈벨트, 영국의 처칠, 중국의 장제스가 참석하였다.

이 회담에서 루즈벨트 대통령은 자신의 특별 보좌관 홉킨스(Harry Hopkins)가 초안한 아래와 같은 문구를 회담 의제로 제시하였다.

"우리는 일본에 의한 한국인들의 비참한 노예 상태를 기억하고, 일본 패망 후 가능한 가장 이른 시기에 이 나라가 자유 독립국이 되도록 결의하였다."

"We are mindful of the treacherous enslavement of the people of Korea by Japan, and are determined that the country, at the earliest possible moment after the downfall of Japan, shall become a free and independent country[1]."

그러나 최종 채택된 카이로 선언(Cairo Declaration)의 문구에서는 '비참한(treacherous)'이라는 표현이 삭제되고, '가능한 가장 이른 시기'라는 문구도 보다 모호한 "적절한 시기(in due course)"로 수정되어 아래와 같은 내용으로 발표되었다.

"3대 강국 정상들은 일본에 의한 한국인들의 노예 상태를 기억하고, 일본 패망 후 적절한 시기에 한국이 자유 독립국이 되도록 결의하였다."
"The aforesaid three great powers, mindful of the enslavement of the people of Korea, are determined that in due course Korea shall become free and independent[2]."

이 선언으로 한국의 독립은 국제적으로 '보장'된 듯 보였지만, "적절한 시기"라는 표현은 즉각적인 독립이 아닌, 연합국의 신탁통치 또는 과도기적 통치를 전제한 것이었다. 이는 조선이 식민지에서 바로 자주독립국가로 전환되기에는 준비가 부족하다는 열강의 인식에서 비롯된 것이다[3].

당시 E. C. 카우스(Everett Drumright) 미 국무부 외교관은 워싱턴에 보낸 보고서에서 다음과 같이 전했다.

"한국 지도자들과 한국인들은 전후 한국을 중국의 위임통치하에 두려는 중국 측의 의도에 심각한 우려를 표하고 있다4."

이후 1945년 7월 26일, 미국, 영국, 중국 정상이 발표한 포츠담 선언 제8항은 카이로 선언의 한국 독립 조항을 재확인했다5.

한편, 1943년 11월 테헤란 회담과 1945년 2월 얄타 회담에서 소련은 대일본 전쟁에 참전하겠다고 약속했지만, 참전하지 않았다.

1945년 7월 26일 포츠담 선언을 통해 일본에 무조건 항복할 것과 포츠담 선언을 수락할 것을 요구하는 최후통첩을 보냈으나, 일본은 거절했다.

미국은 오키나와 전투 시 미군과 일본 민간인이 입었던 막대한 피해를 감안하여 일본 본토를 상륙하여 전투를 감행할 경우 발생할 어마어마한 피해를 막기 위해 원자폭탄을 투하하여 전쟁을 종결하는 것으로 결정하였다.

1945년 8월 6일과 9일, 미국이 히로시마와 나가사키에 각각 원자폭탄을 투하하였다.

원자폭탄이 투하되자 소련군은 8월 8일 한반도를 기습적으로 침공하여 8월 15일 청진, 8월 24일 평양에 무혈 입성하였다6.

당시 미군은 오키나와에서 일본군과 격전 중이었다. 소련은 카이로 회담의 당사국이 아니었고, 대일본 전쟁에 참전하지도 않았기에 소련군의 기습적인 한반도 침공과 급속한 남하에 미국은 크게 놀랐다.

미국은 카이로 회담의 당사국이자 일본과 직접 전쟁을 수행한 전승국으로서, 일본이 항복문서에 조인하면서, 일본군과 그 지휘하의 모든 점령지의 무장해제와 관리 권한은 연합군 최고사령관(SCAP, 더글러스 맥아더 장군)에게 위임되었기에 한반도에 진주하여 군정을 실시할 국제적·법적 명분을 보유하였다. 반면에 소련은 독일 항복 후 3개월 이내 대일본 전쟁에 참전하기로 약속하고 그 대가로 사할린·쿠릴열도, 만주 이권 등을 보장받았으나, 대일본 전쟁에 참전하지 않았다. 이와 같이 소련은 한반도에 진주하여 군정을 실시할 수 있는 국제적·법적 명분이 없었다.

이에 따라 한반도 전체가 소련에 점령되는 것을 막기 위해, 미국은 북위 38도를 군사분계선으로 제안하였다. 이 제안을 소련이 받아들이면서 북쪽은 소련군이, 남쪽은 미군이 일본군의 항복을 접수하고 무장을 해제하는 구조가 되었다7.

1945년 8월 15일, 일본의 항복으로 한국은 해방되었으나, 이는 자력에 의한 것이 아니었다. 우리 스스로 쟁취한 해방이 아니라 전승국의 결정에 의해 맞이한 해방이었기에 곧바로 외세에 의해 분할 점령되는 운명을 맞게 되었다. 그리하여 38도선을 기준으로 남북이 분할되고, 한반도 분단의 서막이 열리게 되었다.

8·15 해방, 북로당·남로당과 대한민국 정부 수립

　1945년 8월 15일, 히로히토 일본 천황이 연합국의 포츠담 선언을 수락한다는 항복 선언 방송을 한 당일, 대부분의 조선인들은 상황을 제대로 파악하지 못했으나, 다음 날부터 한반도는 감격과 환희의 물결로 뒤덮였다. 3·1 운동 이후 일제에 의해 태극기가 압수되어 온 터라, 노인들과 중장년층은 기억을 더듬어 손수 그린 태극기를 들고 거리로 나섰다8.

　그러나 해방의 기쁨은 오래가지 않았다. 우리의 힘이 아닌 일본의 항복으로 맞이한 해방이었기에 한반도는 분단되었다. 38선 이남에는 전승국인 미군이, 이북에는 대일본 전쟁에 참여하지 않아 전승국의 자격이 없는 소련군이 기습적으로 침공하여 진주하였다9. 미국은 1941년 진주만 공격 이후 3년 8개월간 많은 피와 희생으로 일본과 싸웠다. 그러나 소련은 테헤란 회담과 얄타 회담에서 대일본 전쟁에 참전을 약속했지만, 참전하지 않고 있다가 히로시마 및 나가사키에 원자폭탄이 투하되자, 1945년 8월 8일, 한반도로 기습적으로 진격해 아무런 저항을 받지 않고 북한을 점령했다10.

  북한에 진주한 소련군은 명망 있는 독립운동가 조만식 선생을 찾아 협력을 요청했으나, 조만식 선생이 "조국을 분단시키지 말라"며 거절하자, 소련군은 스탈린에게 소련군 대위 출신 김일성을 내세웠다11. 스탈린은 조선공산당을 창당하고 소련공산당 당원이며 '조선의 레닌'으로 불렸던 박헌영과 김일성을 면담한 뒤, 김일성에게 일당 독재체제를 수립하라고 지시하고 군사고문단과 군사·기술 원조를 약속했다12. 당시 북한에는 항일빨치산파, 소련파, 연안파, 국내 공산주의 세력 등 여러 정치 집단이 있었으나, 김일성은 귀국 직후 각 지역에 빨치산 인사들을 파견해 세력을 확장했고, 경쟁 세력은 소련군을 등에 업은 빨치산 세력에 의해 숙청되었다. 이 과정에서 북한노동당(북로당)이 창당되고 김일성 유일체제가 공고화되었으며, 1948년 9월 조선민주주의인민공화국이 수립되었다13.

  남한에서는 해방 직후 총독부 정무총감 아베 노부유키가 여운형을 불러 일본인의 안전 귀환과 치안 유지를 요청했고, 여운형은 이를 수락해 조선건국준비위원회(건준)를 결성했다14. 당시 국제정세는 1917년 러시아 혁명 이후 공산주의 확산기가 이어지고 있었으며, 소련은 식민지 해방을 지지하였고 독립운동자금으로 200만 루불(현재 가치로 2,550억 원)을 지원하였다15. 독립운동가들은 소련으로 갔으며, 공산주의와 사회주의가 조선에 스며들었다. 당시 조선인들은 서구 자유민주주의에 대한 지식과 경험이 없었다. 해방 직후 여론조사에서는 국민의 약 78%가 공산주의에 호감을 표시했다는 보고도 있었다16.

  일제 강점기 조선 공산주의 운동의 핵심 인물은 박헌영이었다.

그는 조선공산당을 창당하고 모스크바 국제회의에 참석했으며, 국제레닌학교에서 수학 후 소련공산당에 입당했다[17]. 해방 후 박헌영은 남한에서 남조선노동당(남로당)을 재건하고, 조선건국준비위원회(건준)에 참여하여 여운형을 밀어내고 남한 전역에 당 조직을 확산시켰다. 북한이 소련군 지원하에 김일성 체제로 고착되자, 남한에서도 공산정권 수립 가능성이 고조됐다.

박헌영은 남로당 자금 확보를 위해 위조지폐 사건을 벌이다 발각되어 북한으로 도주했고, 남로당에 '폭력혁명'을 지시했다[18]. 이에 남로당은 철도·운수 파업과 대구 10월 폭동(경찰 118명, 민간인 97명 사망), 제주 4·3 사건, 여순 10·19 사건 등을 주도했다[19]. 여순 사건 당시 반란군은 여수·순천 등지를 장악하고 경찰·우익 인사를 처형했으며, 정부는 국가보안법을 제정해 진압했다. 1949년 박헌영은 남로당원에게 "수류탄 1만 개로 서울을 불바다로 만들라"는 지령을 내렸으나 국가보안법 시행과 많은 남로당원들의 자수로 남로당은 붕괴했다[20].

이승만은 배재학당 재학 중 서재필의 영향을 받아 독립협회 활동에 참여했고, 고종 폐위 운동에 연루되어 한성감옥에 수감되었다. 수감 중 집필한 『독립정신』은 로버트 올리버 교수로부터 "한국 자유주의의 헌장"으로 평가받았다[21]. 출옥 후 그는 고종의 밀서를 받고 미국으로 건너가 외교 활동을 벌였으나, 이미 1905년 가쓰라-태프트 밀약으로 조선의 독립은 난관에 부딪힌 상태였다[22].

이승만은 조지워싱턴대학교·하버드대학교·프린스턴대학교에서 5년 4개월 만에 학사·석사·박사 학위를 취득하며 미국의 정치 인사들과 교류했다. 미국 사회의 엘리트 일원이 된 이승만은 미국 시민권을 획득하여 안락한 생활을 할 수 있었지만, 미국 시민권 제안을 거절하고 독립운동에 투신했다. 이승만은 상해 임시정부 초대 대통령으로 선출되었고, VOA(Voice Of America) 방송을 통해 항일 투쟁을 호소했다[23]. 이승만은 강대국과의 외교를 통한 한국의 통일을 추진하였다. 해방 후 반공주의자였던 이승만은 맥아더 장군에게 반공서한을 보내고 귀국했으나, 미군정은 좌우합작 정책 추진을 위해 그를 배제했다. 좌우합작 실패 후 미군정은 남한 단독 정부 수립을 결정했고, 1948년 5월 총선거로 구성된 제헌국회는 이승만을 초대 대통령으로 선출했다. 같은 해 8월 15일, 대한민국 정부가 수립되었다[24].

해방 이후 남한의 이념 대립과
신탁통치 찬반

 1945년 8월 15일, 일본의 항복으로 조선은 해방을 맞이했지만, 분단된 남한에서는 이념과 진영의 갈등으로 얼룩진 분열과 대립이 시작되었다.

 해방 직후 조선 사회는 식민 통치로 억눌렸던 정치적 욕망과 사회 개혁 열망이 동시에 폭발하였다. 특히 일제 말기의 착취와 농민·노동자 계층의 빈곤, 친일 지배층에 대한 분노가 겹쳐 '평등'을 전면에 내세운 공산주의와 사회주의 사상이 상당한 매력을 갖고 유입되었다[25].

 이는 기존 정치 체계에 실망하거나 계급 구조의 철폐를 기대했던 대중 그리고 일본의 탄압에 저항하며 좌익 활동을 했던 인물들을 중심으로 빠르게 확산되었다.

 해방 직후 조선총독부 경찰조차도 "공산주의에 대한 민중의 감정은 놀라울 만큼 우호적"이라고 평가했을 정도였다[26].

미군정의 등장과 좌익의 조직화

1945년 9월 8일, 미군이 인천에 상륙하고 미군정(USAMGIK, United States Army Military Government In Korea)이 시작되자, 좌익 진영은 강하게 반발하였다.

좌익 세력은 해방 직후부터 전국 각지에 인민위원회를 자발적으로 조직했으며, 1945년 9월에는 조선공산당(재건파)와 조선인민당, 조선신민당 등이 결집해 민주주의민족전선(민전)을 형성했다[27].

이들은 "조선 인민에 의한 자주적인 정부 수립"을 주장하며, 미군정과 협력하는 우익 세력을 "미제의 앞잡이"로 규정하고 격렬히 비판했다.

신탁통치 논의와 그 충격

1945년 12월 모스크바 3국 외상회의에서는 "조선에 대해 최고 5년간 신탁통치를 실시하고, 미·소공동위원회를 통해 임시정부 수립 방안을 협의한다"는 결정을 내렸다. 이 소식은 12월 27일 국내에 전해졌고, 한국 사회는 즉시 "찬탁 vs 반탁"의 대립 구도로 재편되었다.

김구·이승만 계열 우익 세력은 즉각 반탁 운동을 전개하며 '즉시 독립'을 외쳤다.

반면, 박헌영을 중심으로 한 조선공산당은 초기에 반탁을 표방하다가 소련의 지시에 따라 입장을 찬탁으로 선회했다[28].

좌익의 입장 변화는 '신탁통치는 공산화 정권 수립을 위한 과도기'라는 우익의 불신을 심화시켰으며, 전국적으로 학생·청년·종교 단체 중심의 반탁 시위와 충돌이 격화되었다.

좌우익 충돌과 테러의 시작

신탁통치 논의는 단순한 외교 정책의 문제가 아니라, 남한 사회 내부의 이념적 분열을 촉발하는 기폭제가 되었다.

1946년 봄부터는 전국적으로 좌익의 총파업과 우익의 반공 시위가 잇따랐고, '테러'가 일상화되면서 암살, 방화, 납치 등 정치 폭력이 급증하였다. 좌익은 친일·자본가 척결을 주장했고, 우익은 "소련은 공산 독재를 수출하려 한다"는 반공 선동을 강화했다.

이처럼 신탁통치 논쟁은 이념 갈등을 폭발시키는 기폭제였고, 남북의 협력적 정부 수립은 점점 더 멀어졌다.

좌우합작의 실패와 분단의 가속화

1946년 7월, 미군정은 중도파 여운형과 김규식 등을 중심으로 좌우합작위원회를 구성했으나, 좌익은 이를 "우익에 끌려가는 조작극"이라며 거부했고, 우익은 "공산주의자와의 타협은 곧 노예화"라며 비판했다. 1947년 7월 여운형이 암살되고, 좌우합작은 사실상 실패로 돌아갔다.

남한에서는 단독 정부 수립 논의가 본격화되었고, 이는 북한의 별도 정권 수립 준비를 촉진시키며 결국 한반도 분단의 길로 나아가게 되는 분수령이 되었다[29].

당시 찬탁, 반착 세력의 주요 인물·단체와 그들의 입장 배경은 다음과 같다.

구분	주요 인물·단체	입장 배경
찬탁 세력	- 박헌영(조선공산당, 남로당)[30] - 여운형(건국준비위원회, 인민당) - 조선인민당·조선공산당 계열[31] - 일부 중도좌파 세력[32]	- 모스크바 3상회의 결정을 수용[33] - 미·소공동관리로 좌우합작 및 통일 정부 수립 가능성 기대[34] - 소련과의 협력 중시[35]
반탁 세력	- 이승만(독립촉성국민회)[36] - 김구(한국독립당, 임정 계열)[37] - 한민당(송진우, 김성수 등)[38] - 대다수 우익 언론[39]	- 신탁통치는 독립 지연·주권 침해로 인식[40] - 소련의 한반도 공산화 의도 경계[41] - 즉시 독립 및 단독 정부 수립 지향[42]

    찬탁 세력은 좌익 중심으로 정치 노선은 친소, 사회주의·공산주의이고, 외교 성향은 친소, 반미이며, 미소공동위를 통한 연방 정부를 수립하여 북한에 의한 공산주의 정권 수립이 목표였다.

    반탁 세력은 우익 중심으로 정치 노선은 친미, 자유민주주의·민족주의이고, 외교 성향은 친미, 반소이며, 남한 단독 정부 수립 및 자주독립을 통해 대한민국 정부 수립이 목표였다.

    당시 좌·우익 세력의 주요 인물·단체 및 그들의 성격·활동은 다음과 같다.

좌·우익 세력의 주요 인물·단체 및 그들의 성격·활동

구분	주요 인물·단체	성격·활동
좌익 세력	- 박헌영(남로당)[43] - 여운형(인민당)[44] - 조선공산당, 조선인민당, 사회노동당[45] - 건국준비위원회 좌파 계열[46]	- 공산주의·사회주의 이념[47] - 토지·산업 국유화 주장[48], 미·소 공동위원회 참여 지지[49], 파업·시위, 무장 투쟁 일부 주도[50]

우익 세력	- 이승만(독립촉성국민회)[51] - 김구(한국독립당, 임정)[52] - 송진우·김성수(한민당)[53] - 대한독립촉성국민회, 청년단체·우익 언론[54] - 자유민주주의·민족주의 이념[55]	- 즉시 독립, 단독 정부 수립 지향[56] - 반탁·반공 노선 강력 주장[57] - 미·소공위 불신, 좌익 견제 활동[58]

미·소공동위원회와 좌우합작운동

모스크바 3상회의의 결정에 따라 한반도에 임시민주정부를 수립하기 위한 미·소공동위원회(미·소공위)가 구성되었다. 이는 미군정과 소련군정이 협의하여 통일 정부를 세우려는 시도였다59.

제1차 미·소공위는 1946년 3월 20일 서울 덕수궁 석조전에서 개막했다. 그러나 회의는 곧 난항에 빠졌다. 소련 측은 '신탁통치 반대 단체'의 회의 참가를 반대하며, 오직 모스크바 3상회의 결정을 지지하는 단체만 협의 대상으로 삼자고 주장했다60. 반면, 미국 측은 모든 단체를 포함해 폭넓게 논의해야 한다는 입장이었다61. 결국 회의는 5월에 결렬되었고, 한반도의 정치적 분열은 심화되었다.

미·소공위 결렬 이후, 미군정은 남한 단독 정부 수립 가능성을 열어두었으나, 한편으로는 좌우 대립 완화를 위해 좌우합작운동을 지원했다. 대표적 운동이 김규식(중도 우익)과 여운형(중도 좌익)이 주도한 좌우합작위원회였다62.

좌우합작위원회는 1946년 7월 발족했으며, 미국 군정장관 아놀

드(Arnold)는 이를 통해 남북 간, 좌우 간 갈등을 완화하고자 했다 63. 위원회는 1946년 10월 '좌우합작 7원칙'을 발표했다. 주요 내용은 ▲미·소공위 재개 촉구 ▲임시정부 수립 ▲토지 개혁 ▲친일파 처벌 ▲언론·집회·결사의 자유 보장 등이었다64.

좌우합작 7원칙 요약표

번호	주요 내용	설명
1	미·소공위 속개	결렬된 미·소공위 재개 촉구, 모든 정당·단체 참여 보장65
2	임시정부 수립	좌우합작을 통한 통일 임시정부 구성66
3	토지개혁 실시	유상몰수·유상분배 방식의 농지 분배67
4	친일파 처벌	일제 부역자 및 민족반역자 철저 처벌68
5	기본권 보장	언론·출판·집회·결사의 자유 보장69
6	경제정책 조정	산업 국유화 범위 조정 및 경제 안정 대책70
7	사회 질서 확립	치안 강화 및 폭력 정치 배격71

그러나 극우 세력은 이를 '좌익에 대한 양보'로, 극좌 세력은 '공산혁명 노선에서의 이탈'로 간주하며 강하게 반발했다72.

1947년 5월 제2차 미·소공위가 개최되었으나, 다음과 같은 이유로 결렬되었다73.

구분	미국 측 입장	소련 측 입장	대립·결렬 요인
참가 단체 범위	모든 정치 세력·단체 참여 허용74	모스크바 3상회의 결정(신탁통치) 지지 단체만 포함75	참가 자격 문제로 회의 진행 불가
정부 수립 방식	넓은 정치 세력 협의 → 임시정부 구성76	좌익 중심 협의 → 친소 통일 정부 구성77	정치 체제·이념 차이

신탁통치 해석	임시정부 수립 후 제한적·단기 적용 가능[78]	장기적·전면적 적용 가능, 필요시 연장[79]	신탁통치 범위·기간 견해 차
외부 영향	미국 국내 여론: 공산주의 확산 우려, 신탁통치 반감[80]	소련의 대외정책: 한반도 북부 공산화 전략[81]	국제정세·냉전 구도 반영

이후 미국은 한반도 문제를 유엔에 이관했고, 유엔총회가 남북 총선거를 결의했으나, 소련과 북한은 이를 거부했다. 이로써 좌우합작은 실패로 끝났고, 남한 단독 정부 수립과 북한의 별도 정부 수립이라는 길로 분단이 고착되었다[82].

남북한 유일 합법정부 주장과
한반도의 이중 권력 구조

　1948년은 한반도의 분단이 제도적으로 확정된 해였다. 1947년 9월 미국은 미·소공동위원회(미·소공위) 실패 후 한반도 문제를 유엔에 이관했고, 유엔총회는 남북 총선거를 결의했다[83]. 그러나 소련과 북한은 유엔 한국임시위원단의 북측 활동을 거부했다[84].

　이에 따라 1948년 5월 10일, 유엔 감시하에 38선 이남에서만 총선거가 실시되었다. 이 선거로 구성된 제헌국회는 7월 17일 제헌헌법을 제정·공포하고, 7월 20일 이승만을 초대 대통령으로 선출했다. 1948년 8월 15일, 대한민국 정부가 공식 수립되었고, 이로써 남한 지역에서 국제적으로 승인받은 합법 정부가 탄생했다[85].

　이에 대응하여 북한은 1948년 8월 25일 최고인민회의 대의원 선거를 실시했고, 9월 9일 조선민주주의인민공화국 수립을 선포했다[86]. 김일성이 수상으로 취임했으며, 내각·정당·사회단체가 모두 조선노동당의 통제 아래 통합되었다.

　결과적으로 한반도에는 대한민국과 조선민주주의인민공화국이라는 두 개의 정부가 병존하는 이중 권력 구조가 형성되었다.

국제사회에서는 미국과 서방 국가들이 대한민국을, 소련과 공산권이 북한을 각각 승인했으며, 양측 모두 한반도 전체에 대한 유일 합법 정부임을 주장했다[87]. 이러한 이중 권력 체제는 이후 남북 간 군사적 긴장과 6·25 전쟁의 직접적 배경이 되었다.

남북한 유일 합법정부 주장

남북한이 각각 "한반도 전체의 유일 합법 정부"라고 주장한 근거는 각각의 헌법 조문과 제정 당시 정치·국제 환경에서 찾을 수 있다.

대한민국은 제헌헌법 제3조에 "대한민국의 영토는 한반도와 그 부속 도서로 한다[88]."라고 명시하여 대한민국의 영토를 '한반도 전체'로 규정함으로써, 북한 지역까지 대한민국의 영토로 선언하여 이는 "한반도 전체에 대한 주권을 갖는 유일 합법 정부"라는 논리적 근거가 되며, 1948년 12월 12일 제3차 유엔총회 결의 제195호(III)에서 다음과 같이 "대한민국 정부가 한반도에서 실시된 선거를 통해 성립된 유일한 합법 정부"임을 승인하였다[89].

유엔 총회 결의 제195(III)(1948년 12월 12일) 중, 대한민국을 한반도의 유일 합법 정부로 승인한 단락은 다음과 같다.

영문	국문
"Recognizes that the Government of the Republic of Korea is the only such Government in Korea, based on elections which were held in that part of Korea which was accessible to the Commission and which were observed by the Commission, and that this Government is, therefore, the only such Government in Korea which is so entitled to represent Korea in the United Nations…"	"대한민국 정부가 유엔 한국위원단이 접근할 수 있었고, 위원단이 접근할 수 있었던 한반도 지역에서 실시된 선거에 기초하여 수립된 한반도의 유일한 그러한 정부임을 승인하며, 따라서 이 정부가 유엔에서 한국을 대표할 유일한 그러한 정부임을 승인한다."

유엔 결의문에서 'the only such Government in Korea'라는 표현은 대한민국이 한반도의 유일한 합법 정부임을 국제사회가 승인한 직설적인 표현이다.

다만, 단서로 '위원단이 접근할 수 있었던 한반도 지역(that part of Korea which was accessible to the Commission)'이라고 명시하여, 남한 지역만을 대상으로 한 선거 결과임을 밝히고 있다.

이 결의로 대한민국은 UN에서 '코리아(한반도)'를 대표할 법적 지위를 얻게 되었으나, 북한과 공산권 국가는 이를 인정하지 않았다.

북한은 북한 헌법(사회주의헌법 제정 이전, 소위 '헌법 초판') 제1조에 "조선민주주의인민공화국은 전체 조선 인민의 의사와 이익을 대표하는 주권 국가다[90]."라고 북한이 '전 조선 인민'을 대표한다고 명시하여 남한 지역에 대한 대표성을 주장하고 있다.

정치적 논리로는 1948년 8월 25일, 1,080명의 최고인민회의 대의원 선출을 위한 선거를 남북한 전역에서 실시했다고 주장하고 이를 근거로 '전 한반도의 대표 기구'라고 선전하고 있으며 남한에서는 특수한 사정을 고려하여 비밀 지하 선거를 실시하여 360

명을 선출했다고 주장하였다91.

남북한 합법정부 주장 요약

구분	헌법 조문	내용	정치·국제적 근거
대한민국	제헌헌법 제3조	영토 = 한반도 + 부속 도서	1948.12.12. UN 결의 195(III)
북한	1948년 헌법 제1조	'전 조선 인민 대표' 국가	남북 전역 선거 주장

소련군정 vs 미군정: 해방군인가, 점령군인가?

1945년 8월, 일본의 패망과 함께 한반도에는 소련군과 미군이 각각 북위 38도선 이북과 이남에 진주하였다. 이들의 등장을 어떻게 규정할 것인가를 둘러싸고 오랫동안 역사적 논쟁이 이어져 왔다. 일부 학자들은 "미군과 소련군 모두 점령군이었다"고 동일시하며, 해방의 주체가 아니라 강대국의 점령 통치라는 구조적 공통점을 강조한다[92]. 그러나 양측의 성격과 정당성에는 분명한 차이가 존재한다.

소련군의 한반도 침공과 군정의 성격

소련은 얄타 회담(1945. 2.)에서 독일 항복 후 3개월 이내에 대일본 전쟁에 참전할 것을 약속했으나[93] 참전하지 않았다. 1945년 8월 6일 히로시마, 8월 9일 나가사키에 원자폭탄이 투하되고 일본의 패망이 사실상 확정되자 소련군은 한반도를 기습적으로 침공하여 일본군의 항복을 접수하고 곧바로 군정을 실시하였다[94].

태평양 전쟁에 참전하지 않아 전승국의 자격이 없는 소련의 침공은 한국의 독립을 보장한 카이로 선언(1943)과 포츠담 선언(1945)의 정신에 반하는 독단적 행위였다. 소련군정(1945. 8.~1948. 9.)은 즉각적으로 북한 사회를 공산화하는 조치를 단행했다. 토지 개혁(무상몰수·무상분배), 주요 산업 국유화, 친일파 숙청, 김일성을 중심으로 한 조선노동당 체제 구축 등을 추진하며 북한을 사실상 소련식 일당 독재 국가로 개편하였다. 소련은 자신들을 '해방군'이라 선전했지만, 실제로는 북한의 정치·경제·군사 체제를 장악한 점령군이었다[95].

북한의 농민이 무상분배로 건네받은 것은 매매와 저당이 금지된 토지의 '경작권'이었다. 농민들은 일제강점기 지주에게 바치던 소작료를 나라에 현물로 바치게 되었다. 결국 토지는 농민의 소유가 아니었다.

반면에 이승만의 농지 개혁은 유상몰수·유상분배 개혁이었다. 농민은 5년간 분할 상환하여 농지의 소유권은 농민이 가지게 되었다.

미군정의 성격

미국은 태평양 전쟁 전 기간 동안 일본과 치열하게 싸운 전승국으로, 연합국 합의에 따라 일본군 항복을 수용할 권한을 부여받았다. 미군은 38선 이남에 군정을 설치하여 행정권을 행사했는데, 이는 점령적 성격과 동시에 해방군적 성격을 함께 지닌 이중적 구조였다[96].

미군정은 한국인의 정치적 자치와 독립을 준비시키는 과정에서 문제와 한계를 드러냈지만, 카이로와 포츠담 선언이 천명한 "한국 독립" 약속을 전제로 한 점에서 정당성을 갖고 있었다.

미군정(1945. 9.~1948. 8.)은 하지(Lt. Gen. John R. Hodge) 장군이 지휘하였다. 미군정은 언어 장벽, 식민지 유산 처리 실패, 친일 경력 관료와 경찰 재등용 등으로 민심 이반을 초래했으나, 동시에 점진적 민주화와 자유주의 경제 질서를 도입하며 남한 단독 정부 수립의 기반을 마련했다[97].

학계의 논쟁과 평가

역사학계의 주류 견해는 미군과 소련군 모두를 점령군으로 보고 있다[98]. 그 이유는 미국과 소련 모두 한반도를 영토로 두겠다는 생각은 없었으며, 국익을 위해서 일본군의 무장을 해제하고 한반도에 친미적이거나 친소적인 국가를 세우고 싶어 하였고, 기본적으로 미군과 소련군은 점령을 위해 한반도에 들어왔기 때문이다[99].

이영훈: "1945년 8월 해방 직후 한반도에 주권 국가는 존재하지 않았다. 미군과 소련군은 모두 점령군으로서 자신들의 필요에 따라 군정을 실시하였다[100]."

강만길: "해방 직후 한반도는 미군과 소련군에 의해 각각 점령되어 군사적 통치가 이루어졌다. 남한의 미군정과 북한의 소련군정은 모두 점령군 통치의 성격을 띠고 있었다[101]."

김학준: "38선 이남은 미군정, 이북은 소련군정에 의해 통치되었는데, 이는 해방군의 성격보다는 점령군으로서의 성격이 더 강하였다[102]."

브루스 커밍스(Bruce Cumings): "Both the Soviet forces in the North and the American forces in the South entered Korea as occupying powers, not as liberators." ("북한의 소련군과 남한의 미군은 해방군이 아니라 점령군으로서 한국에 들어왔다.")103 또한 남한 미군정을 "colonial-style occupation(식민지 형태의 점령)"이라며 비판하였다104.

찰스 암스트롱(Charles K. Armstrong): "The Soviet occupation army was the single most important external factor in the making of the North Korean state105." ("소련 점령군은 북한 국가 형성에 있어서 가장 중요한 외부 요인이었다.")

윌리엄 스튜크(William Stueck): "At the moment of liberation, Korea was not a sovereign state but a territory under the occupation of two great powers106." ("해방 당시 한국은 주권 국가가 아니라 두 강대국의 점령하에 있는 지역이었다.")

국내외 학자 주장

학자	주장
이영훈 (서울대학교 경제학과, 前 교수)	"1945년 8월 해방 직후 한반도에 주권 국가는 존재하지 않았다. 미군과 소련군은 모두 점령군으로서 자신들의 필요에 따라 군정을 실시하였다."
강만길 (고려대학교 사학과, 前 교수)	특히 남한 "해방 직후 한반도는 미군과 소련군에 의해 각각 점령되어 군사적 통치가 이루어졌다. 남한의 미군정과 북한의 소련군정은 모두 점령군 통치(occupation rule)의 성격을 띠고 있었다."의 미군정(USAMGIK)을 '점령 통치'로 강조.
김학준 (동아일보 논설위원, 前 교수)	"38선 이남은 미군정, 이북은 소련군정에 의해 통치되었는데, 이는 해방군의 성격보다는 점령군으로서의 성격이 더 강하였다."

브루스 커밍스 (Bruce Cumings, 시카고대학교)	특히 남한 미군정을 "colonial-style occupation"이라 비판적으로 묘사. "Both the Soviet forces in the North and the American forces in the South entered Korea as occupying powers, not as liberators." ("북의 소련군과 남의 미군은 해방군이 아니라 점령군으로서 한국에 들어왔다.")
찰스 암스트롱 (Charles K. Armstrong, 콜롬비아대학교)	"The Soviet occupation army was the single most important external factor in the making of the North Korean state." ("소련 점령군은 북한 국가 형성에 있어서 가장 중요한 외부 요인이었다.")
윌리엄 스튜크 (William Stueck, 조지아대학교)	"At the moment of liberation, Korea was not a sovereign state but a territory under the occupation of two great powers." ("해방 당시 한국은 주권 국가가 아니라 두 강대국의 점령하에 있는 지역이었다.")

결론

해방 직후 한반도의 현실은 미군정과 소련군정이라는 '점령 통치'였다는 점에서 공통점이 있었다. 그러나 성격과 정당성은 달랐다. 미군정은 전승국으로서 국제 합의에 따른 해방 행정이었던 반면, 소련군정은 전리품 확보와 공산 체제 수립을 위한 기습적 무력 침공, 점령이었다. 따라서 두 체제를 단순히 동일시하는 것은 6·25 전쟁으로 이어진 분단의 본질을 흐리는 서술이라 할 수 있다.

소련군정 vs 미군정 비교표

구분	소련군정(1945. 8.~1948. 9.)	미군정(1945. 9.~1948. 8.)
진주 배경	얄타 비밀합의에 따른 대일전 참전 약속 위반 → 일본 패망 직후 기습 진주	태평양 전쟁 전 기간 참전, 전승국으로 일본 항복 수용 권한 보유
성격	기습적 무력 점령, 공산화 추진	점령 + 해방 성격의 이중 구조
정당성	카이로·포츠담 선언의 '한국 독립' 정신과 충돌, 사실상 침공적 성격	연합국 합의에 근거, 전승국 지위에 따른 행정 통치
정치적 조치	김일성 중심 조선노동당 체제 수립, 소련식 일당독재 확립	친일 관료 일부 재등용, 민주화 준비 시도, 남한 단독 정부 수립 기반
경제·사회 정책	토지 무상몰수·무상분배, 주요 산업 국유화, 친일파 숙청, 농민은 경작권 보유, 현물세 납부	농지 개혁 지연, 자유주의 경제 질서 도입, 산업 부흥 시도
군정 운영	소련군이 직접 치안·행정 장악, 강력한 정치 개입	하지 장군 지휘, 언어·문화 장벽, 행정 경험 부족으로 한계
결과	북한의 공산화 및 소련권 편입	남한의 민주화 기반 형성, 반공 진영 편입

에필로그

한국은 인접한 대륙 강국인 중국으로부터 수많은 침략을 받았으나, 5,000여 년의 역사 동안 국가 체제를 유지해 왔다. 그러나 19세기 말, 조선은 내우외환의 위기에 직면하게 된다.

1894년 1월, 전라도에서 동학교도와 농민들이 조선 정부의 수탈과 부패에 항거하여 봉기를 일으켰다. 고종은 관군을 파견했으나 진압에 실패했고, 결국 청나라와 일본, 러시아에 군사 지원을 요청하였다. 이를 계기로 한반도에 외국 군대가 진주하였으며, 청일전쟁(1894)과 러일전쟁(1904)이 차례로 발발했고, 두 전쟁 모두 일본이 승리했다.

1905년 11월 17일, 일본은 대한제국의 외교권을 박탈하는 을사늑약(을사조약)을 강압적으로 체결했고, 이후 한국은 일본의 식민지로 전락하였다.

제2차 세계대전 중인 1943년 11월 23일, 미국의 루즈벨트 대통령, 영국의 처칠 수상, 중국의 장제스 총통은 전후 처리 문제를 논의하기 위해 카이로 회담을 개최하였다. 회담에서 세 정상은 일본의 식민 통치 아래 고통받은 한국인을 언급하며, 일본 패망 후 '적절한 시기'에 한국을 자유 독립국으로 할 것을 결의한 카이로 선언을 발표했다.

이후 1945년 7월 26일, 연합국은 포츠담 선언 제8항을 통해 카이로 선언의 한국 독립 조항을 재확인하고, 일본에 무조건 항복을 요구하는 최후통첩을 보냈으나, 일본은 이를 거부하였다.

한편, 소련은 1943년 11월 테헤란 회담과 1945년 2월 얄타 회담에서 대일본 전쟁에 참전을 약속했지만, 행동으로 옮기지 않았다.

미국은 오키나와 전투에서의 막대한 피해를 고려하여 일본 본토 상륙전에 앞서 전쟁을 조기에 종결하기 위해 원자폭탄 투하를 결정했고, 1945년 8월 6일 히로시마, 8월 9일 나가사키에 각각 투하하였다.

원자폭탄이 투하되자 8월 8일, 소련은 만주와 한반도를 기습적으로 침공하여 일본군의 항복을 받고 점령했다. 100만 명이 넘는 일본 관동군은 단 1주일 만에 붕괴되었고, 소련군은 한반도로 진격하여 8월 15일 청진, 8월 24일 평양에 무혈 입성하였다.

태평양 전쟁에 참전하지 않아 전승국의 자격이 없는 소련의 침공과 점령은 한국의 독립을 보장한 카이로 선언(1943)과 포츠담 선언(1945)의 정신에 반하는 독단적 행위였다.

당시 미군은 오키나와에서 일본군과 격전을 벌이고 있었으며, 소련군의 한반도 침공과 급속한 남하에 크게 놀랐다. 전승국으로 일본의 항복 문서에 조인하여 한반도에 대한 진주 및 점령의 국제적·법적 명분을 보유한 미국은 한반도 전역이 소련군에 의해 점령되는 것을 막기 위해 북위 38도를 군사분계선으로 설정할 것을 제안했고, 소련이 이를 수용하였다. 그 결과 북쪽은 소련군이, 남쪽은 미군이 각각 일본군의 항복을 접수하고 무장을 해제하는 구조가 되었다.

1945년 8월 15일, 일본 천황 히로히토의 항복 선언으로 한반도는 감격과 환희의 물결에 휩싸였으나, 해방의 기쁨은 오래가지 않았다. 해방은 우리 스스로의 힘이 아니라 전승국의 결정에 의해 주어진 것이었고, 곧바로 외세에 의해 38선을 경계로 남북이 분할 점령되는 운명을 맞았다. 이로써 한반도 분단의 서막이 열렸고, 이는 훗날 6·25 전쟁으로 이어졌다.

카이로 선언과 포츠담 선언의 한국 관련 문구는 다음과 같다.

구분	영문	번역	해설
카이로 선언	With respect to Korea, our earnest wish is that in due course Korea shall become free and independent.	한국에 대해서는, 적절한 시기에 자유롭고 독립한 나라가 될 것을 우리의 진심 어린 소망으로 한다.	적절한 시기에 자유롭고 독립한 나라가 될 것을 우리의 진심 어린 소망으로 한다. 'in due course(적절한 시기)'라는 표현이 즉각 독립이 아니라 연합국이 판단하는 일정에 따라 독립을 보장한다는 의미를 담음. 해방 후 미·소 공동 점령과 신탁통치 논의의 근거가 됨.
포츠담 선언 제8항	The terms of the Cairo Declaration shall be carried out and Japanese sovereignty shall be limited to the islands of Honshu, Hokkaido, Kyushu, Shikoku and such minor islands as we determine.	카이로 선언의 조건은 이행되어야 하며, 일본의 주권은 혼슈·홋카이도·규슈·시코쿠 및 연합국이 지정하는 일부 소도서로 한정된다.	카이로 선언의 한국 독립 약속을 재확인함. 일본 영토 범위를 축소함으로써 한반도에 대한 일본의 지배 종식이 명문화됨. 한국 독립의 국제법적 정당성을 강화하는 조항임.

2장

김일성과 스탈린의
6·25 전쟁 기획

김일성과 스탈린의 침략 계획

1945년 해방 직후부터 김일성은 한반도 전체에 대한 공산정권 수립을 목표로 삼았다. 1948년 9월 조선민주주의인민공화국 수립 후 그는 군사력 강화를 최우선 과제로 삼았다.

김일성은 1946년 8월 평양 연설에서 "남조선을 무력으로 해방하지 않고서는 조선 혁명은 완성될 수 없다. 북조선을 민주기지로 더욱 강화하여 전면적인 해방 전쟁을 준비해야 한다."는 '민주기지론'[107]을 천명하였다.

김일성이 주창한 '민주'는 서구 자유민주주의에서 말하는 'Democracy(민주)'와 본질적으로 다른 개념이다. 서구의 민주주의가 개인의 자유, 권력 분립, 다당제, 법치와 같은 제도적 장치를 통해 모든 시민의 정치 참여를 보장하는 체제라면, 김일성의 '민주'는 마르크스-레닌주의에 기초한 '인민민주주의'를 의미하였다. 여기서 '인민'은 노동자, 농민, 근로인텔리 등 혁명에 동조하는 계급으로 한정되며, 지주·자본가·반혁명 세력은 정치공동체에서 배제되었다. 따라서 김일성이 말한 '민주기지'란 자유와 권리의 확대가 아니라, 계급적 적을 제거하고 사회주의 체제를 강화하는 정치·군사적 전초 기지를 뜻했다.

현재 북한은 주민들은 출신 성분에 따라 '핵심 계층', '동요 계층', '적대 계층'으로 나눠져 있고, 핵심 계층의 나라가 되었다.

김일성이 1946년 8월 평양 연설에서 "북조선을 민주주의 기지로 삼아 우리 민족의 해방을 완성할 전초 기지가 되게 하자"라며 남한에 대한 적화통일의 의지를 분명히 밝힌108 민주기지론의 전개 과정은 다음과 같다.

민주기지론 전개 과정 연표

연도	주요 사건	내용 및 의미
1945. 10.	김일성 평양 귀국 연설	"우리나라를 민주주의적 독립 국가로 건설" 발언, 이후의 '민주주의'는 사회주의 의미109
1946. 2.	북조선임시인민위원회 수립	소련군정 지원으로 사실상 북한의 단독정권 기초 마련110
1946. 3.	토지 개혁 실시	무상몰수·무상분배로 지주 계급 해체, 사회주의 체제 토대 강화111
1946. 8. 15.	민주기지론 공식 제시	김일성, 평양 조공 북조선분국 창립 1주년 연설에서 "북조선은 민주기지" 발언112
1946. 9~10.	남한 총파업·대구 사건	남로당 주도, 북한의 정치·자금 지원 확인113
1947. 2.	북조선노동당 중앙위회의	남조선 혁명 승리를 위한 '정치·군사적 기반 강화' 결의114
1948. 2.	조선인민군 창설	기갑·포병 중심, 공격 전력 위주의 편성115
1948. 4~5.	제주 4·3 사건	남로당 무장봉기, 북한의 무기·교육 지원 정황 확인116
1948. 9.	조선민주주의인민공화국 수립	북측 단독정권 완성, 남한 정권 전복을 공식 목표화117

1949. 3.	김일성-스탈린 회담	무력 통일 의사 전달, 스탈린은 초기엔 신중론[118]
1949. 6.	38선 충돌로 남한 군 전력 소모 유도	북한 주도 38선 충돌로 남한 군 전력 소모 유도[119]
1949. 10.	중국 국공내전 승리	모택동, 김일성 남침 계획에 우호적 태도[120]
1950. 1~4.	스탈린·마오 승인	남침계획 확정, 구체적 작전 계획 완성[121]
1950. 6. 25.	6·25 전쟁 발발	민주기지론의 무력 통일 단계 실행[122]

1949년 6월, 미군이 남한에서 철수하고 한국군이 국방력 면에서 미흡하다는 판단은 김일성에게 남침 구상의 중요한 동기가 되었다. 그러나 전면전을 감행하기 위해서는 소련과 중국의 동의와 지원이 필수적이었다[123].

김일성은 1949년 말부터 모스크바를 여러 차례 방문해 스탈린에게 남침 계획을 설명하고 승인을 요청했다. 초기에는 스탈린이 미국의 개입 가능성을 우려해 부정적 입장을 보였다[124]. 그러나 1950년 초, 국제 정세의 변화, 특히 1949년 10월 중국 국공내전에서 공산당 승리와 중화인민공화국 수립, 1949년 8월 소련의 첫 원자폭탄 실험 성공, 미국이 한국과 대만을 방위선에서 제외한 애치슨 선언(1950. 1.)이 스탈린의 태도를 변화시켰다[125].

1950년 4월, 김일성은 모스크바에서 스탈린과 비밀 회담을 가졌고, 이 자리에서 스탈린은 미국이 개입하지 않을 것이라는 판단과 중국의 지원 약속을 전제로 남침 계획을 승인했다[126]. 스탈린은 무기, 탄약, 전차, 항공기 등 대규모 군사 원조를 약속했고, 작전 계획 수립과 훈련에 소련 군사고문단을 파견했다[127].

이후 김일성은 5월 베이징을 방문하여 모택동과 회담하며 중국군의 지원을 확보했다. 모택동은 전쟁 발발 시 중국군(인민지원군) 파병을 약속했고, 이는 스탈린의 승인 조건을 충족시켰다[128].

결국 김일성과 스탈린 그리고 모택동 간의 합의는 1950년 6월 25일 새벽 북한군의 전면 남침으로 이어졌다. 이 침략 계획은 단순한 북한 단독 결단이 아니라, 소련의 전략적 계산과 중국의 후방 지원 약속이 결합된 국제 공산권의 공동 작전이었다[129].

김일성의 6·25 남침 전쟁 준비 과정 연표는 다음과 같다.

김일성의 6·25 전쟁 준비 과정 연표

시기	주요 사건	내용
1949. 6.	미군 남한 철수	- 주한미군 전투부대 완전 철수 - 북한은 이를 군사력 균형의 파괴로 인식[130]
1949. 8.	소련 첫 원자폭탄 실험 성공	스탈린의 대미 인식 변화에 영향[131]
1949. 9~10.	김일성의 첫 모스크바 방문	- 김일성이 스탈린에게 남침 계획 제안 - 스탈린은 미국 개입 우려로 거부[132]
1949. 10.	국공내전에서 중국 공산당 승리, 중화인민공화국 수립	- 동북아에서 공산권 세력 급격히 확대 - 북한의 남침 환경에 유리하게 작용[133]
1950. 1. 12.	애치슨 선언	- 미국 국무장관 애치슨, 극동방위선에서 한반도와 대만 제외 - 스탈린·김일성은 미국 개입 가능성 낮다고 판단[134]
1950. 3	김일성의 재차 설득	스탈린을 다시 찾아가 남침 허락 요청[135]
1950. 4.	스탈린·김일성 비밀 회담	- 스탈린, 중국 지원 전제 조건으로 남침 승인 - 무기·전차·항공기·군사고문단 지원 약속[136]
1950. 5.	김일성·모택동 회담	전쟁 시 중국군(인민지원군) 파병 약속[137]

1950. 6. 21.	작전명령 하달	- 북한군에 남침 작전명령 하달 - 전선 배치 완료[138]
1950. 6. 25. 04:00	북한군 전면 남침	38선 전역에서 포격 후 기갑·보병 부대 투입. 6·25 전쟁 발발[139]

모택동의 동의와 중공의 역할

 스탈린의 조건부 승인을 확보한 김일성에게 남은 과제는 중국의 동의와 후방 지원이었다. 중화인민공화국은 건국 직후라 국내 재건이 시급했지만, 모택동은 한반도에서의 공산화가 중국 동북(만주) 안전 보장과 중·소 전략 구도 강화에 유리하다고 판단했다[140].

 1950년 5월 베이징 회담에서 모택동은 전쟁 발발 시 중국인민지원군 파병 준비와 동북 철도·병참망의 대북 활용을 약속했고, 소련이 제공하는 군수물자의 중국 경유 수송에 협력했다[141]. 동시에 스탈린-모택동 간 비밀 전보 교환을 통해 "미국/유엔군이 38선 이북으로 북진할 경우 중국이 개입한다"는 원칙이 조율되었다[142]. 이는 같은 해 10월 중국군의 참전(항미원조)으로 현실화되었다.

 결국 중공의 역할은 (1) 정치적 동의, (2) 병참·수송 지원, (3) 조건부 참전 약속의 세 축으로 요약되며, 이는 김일성이 남침을 강행할 수 있는 심리적·전략적 안전판을 제공했다[143, 144].

김구의 방북과 회담의 실체

1948년 봄, 한반도 정세는 미·소 냉전이 본격화되면서 급속히 분단의 길로 치닫고 있었다.

두 차례의 미·소공동위원회가 결렬되자 미국은 1947년 10월 유엔 총회에 한반도 문제를 상정했다. 유엔 총회는 소련의 불참 속에(찬성 41, 반대 0, 기권 4) 한반도에서 인구 비례에 따른 총선거를 실시하는 것과 유엔한국임시위원단(UNTCOK: UN Temporary Commission On Korea) 파견을 결의했다. 이에 따라 호주, 캐나다, 중국, 엘살바도르, 프랑스, 인도, 필리핀, 시리아 등 8개국 대표로 구성된 위원단이 1948년 1월 7일 한국에 도착했다.

하지만 소련의 거절로 한반도 총선거가 불가해지자 유엔한국임시위원단은 유엔에 자문을 구했으며, 유엔으로부터 감독이 가능한 지역인 남한에서만 선거를 실시하라는 답변을 받고 논의 끝에 남한만의 단독 총선거를 권고하였다[145]. 이러한 상황에서 대한민국 임시정부의 주석이었던 김구는 민족 분열을 막기 위해 남북협상이라는 길을 선택하였다.

김구는 1948년 4월 19일 김규식과 함께 평양에 도착하여 김일성, 김두봉 등 북한 지도부와 회담을 가졌다. 회담의 표면적 목적은 '외세를 배제한 남북 총선거'였으나, 북측은 이를 자신들의 정치·선전적 승리로 활용하려는 의도가 뚜렷했다[146].

4월 25일 김구와 김일성은 단독 회담을 열어 남북 총선거 합의문을 발표했지만, 선거 시기, 감시기구, 후보 추천 방식 등 세부 사항에서는 의견이 엇갈렸다[147]. 결국 4월 30일 평양 회의는 북측의 일방적인 선전 성과만 남기고 종료되었으며, 김구는 실질적 성과 없이 귀환했다.

이후 1948년 5월 10일 남한 단독 총선거가 유엔 감시하에 실시되었으나, 김구와 김규식은 불참했다. 남한에서는 제헌헌법이 제정·공포(7. 17.)되었고, 8월 15일 대한민국 정부가 수립되었다. 이에 대응해 북한은 9월 9일 조선민주주의인민공화국을 수립했다.

김구의 방북은 민족 통일에 대한 열망에서 비롯되었으나, 냉전 구도 속에서 남북한 정부 수립을 막을 수 없었고, 오히려 그의 정치적 고립을 심화시켰다. 결국, 그는 1949년 6월 26일 경교장에서 안두희에게 암살당하며 생애를 마감하였다[148].

김구의 북한 방문을 전후한 주요 사건은 다음과 같다.

김구 북한 방문 주요 사건

날짜	사건	주요 내용
1947. 11. 14.	- 제2차 유엔총회 결의 - 한반도 문제를 유엔에 회부	유엔한국임시위원단 설치 결정
1948. 2. 26.	유엔한국임시위원단 남한 단독 총선거 권고	북한 지역 접근 불가로 남한만 총선거 권고
1948. 4. 19.	김구, 평양 도착	김규식 등과 함께 북한 평양에 도착

1948. 4. 19~30.	남북연석회의 개최	김일성·김두봉 등과 회담, "외세 배제·남북 총선거" 원칙 논의
1948. 4. 25.	김구·김일성 단독 회담	남북 총선거 합의 발표, 세부 사항 이견 존재
1948. 4. 30.	평양 회의 폐막	북측 선전 성과 홍보, 실질 성과 없이 귀환
1948. 5. 10.	제헌 국회의원 총선거 (남한 단독)	유엔 감시하에 실시, 김구·김규식 불참
1948. 7. 17.	대한민국 헌법 공포	남한 단독 정부 수립 절차 확정
1948. 8. 15.	대한민국 정부 수립	이승만 초대 대통령 취임
1948. 9. 9.	조선민주주의인민공화국 정부 수립	김일성 초대 수상 취임
1949. 6. 26.	김구 암살	경교장에서 안두희에게 피살

북한 내부의 전쟁 세력과 전쟁 준비

전쟁 세력의 형성

1945년 해방 이후 북한 사회의 권력 구조는 소련군정(소련 제25군)과 그 지원을 받는 조선공산당 북조선분국을 중심으로 재편되었다.

김일성은 1946년 2월 8일 북조선임시인민위원회를 수립하며 정치, 군사, 경제, 사회 전반에 대한 통제권을 장악했다. 이 과정에서 북한의 주도 세력은 크게 네 갈래로 구성되었다.

- 소련파: 소련군과 함께 귀국한 고려인 출신 공산주의자. 소련식 군사·정치 교육을 받은 간부들로, 김일성 집권의 핵심 기반.
- 연안파: 중국 연안(옌안)에서 활동하며 중국공산당 팔로군·동북항일연군과 함께 항일 투쟁을 전개한 세력. 주덕해, 무정 등이 대표적 인물.
- 국내파: 해방 전 조선 내에서 지하공산운동을 지속한 인물들. 박헌영 계열이 중심.

- 항일유격대파(만주파): 만주에서 항일 유격전을 전개했던 김일성 중심 세력. 조선인민혁명군 출신이 주축.

김일성은 소련군정의 절대적 후원 속에서 소련파와 만주파를 핵심 축으로, 나머지 파벌을 견제·흡수하며 권력 기반을 공고히 했다.149

인민군 창설과 군사력 증강

북한의 전쟁 준비는 해방 직후부터 체계적으로 진행되었다. 1945년 10월에는 평양에 '보안대'를 창설하였다. '보안대'는 치안 유지 명목이었으나 실질적으로는 무장 병력 양성을 위한 조직이었다.

1946년 2월에는 '보안간부훈련소'를 설립하여 소련식 군사교리, 정치 사상 교육을 병행하였다.

1946년 8월에는 '보안간부훈련소'를 '조선인민군보안간부학교'로 개편하여 장교 양성을 시작하였다.

1948년 2월에는 '조선인민군'을 공식적으로 창설하고 초대 총참모장에 강건(소련파)을 임명하였다.

1949년 말까지 약 10만 명 규모의 정규군을 보유하였으며, 전차·포병·항공 전력을 강화하였다.

소련은 북한에 T-34 전차, SU-76 자주포, Yak 전투기 등을 제공했고, 소련군 교관들이 직접 훈련을 지도했다.150 이 시기 북한군의 편제는 6개 보병사단, 1개 기계화여단, 1개 전차여단으로, 남한 국군보다 병력·화력 모두 우세했다.

전시체제 구축과 사회 동원

김일성 정권은 군사력뿐 아니라 전시체제 수립을 위한 사회 전반의 준비를 병행했다.

산업 기반을 구축하고 소련의 원조로 군수공장 확충. 함흥·청진 등지에 탄약·화약·무기 조립 공장을 설립하였다.

교통·수송과 군수 물자와 병력 이동을 위해 철도·도로망을 정비하였다.

정치사상 교육을 위해 전 인민을 대상으로 '조국해방전쟁 준비'를 선전하고, 반(反)남한·반미 구호를 확산하였다.

청년·여성 조직을 정비하고 조선민주청년동맹, 조선여성동맹 등 대중 조직을 통한 인력 동원 준비를 하였다.

특히 1949년 대한민국 정부 수립과 동시에 북한은 남한 '해방'을 명분으로 전 인민 무장화를 가속화했다151(3).

전쟁 준비의 완성 단계

1949년 말부터 1950년 초까지 북한의 군사력과 전시체제는 사실상 남침 가능 단계에 이르렀다. 소련의 군사고문단과 무기 지원, 중국 공산당의 국공내전 승리(1949년 10월)가 결합되면서 김일성은 군사적 자신감을 갖게 되었으며, 이를 기반으로 스탈린과 모택동을 설득해 전쟁 계획을 구체화했다152.

1945~1950년 북한 전쟁 준비 과정 연표

시기	사건	주요 내용	비고
1945. 10.	보안대 창설	- 평양에 치안 유지 명목의 무장 조직 설치 - 실질적으로 군사 조직 역할	소련군정 지원
1946. 2. 8.	북조선임시인민위원회 수립	- 김일성이 위원장에 취임 - 국가 기구 장악	소련군정과 협력
1946. 2.	보안간부훈련소 설립	장교 및 군사 간부 양성 시작	소련식 교리 교육
1946. 8.	조선인민군보안간부학교 개편	군사학교로 전환	정규군 간부 육성
1947~48	군수산업 기반 강화	함흥·청진 등에 탄약·무기 조립 공장 설립	소련 군수원조
1948. 2. 8.	조선인민군 공식 창설	강건(소련파) 총참모장 임명	6개 보병사단 편성, 전차·포병 전력 증강
1948. 9. 9.	조선민주주의인민공화국 수립	김일성 국가주석 취임	전시 체제 준비 가속화
1949. 3.	전차·항공 전력 확충	소련제 T-34 전차, SU-76 자주포, Yak 전투기 도입	소련 군사고문단 주도
1949. 8.	대남 무장공비 침투 강화	38선 일대 국지전 확대	국군 대비 태세 약화 목적
1949. 10.	중국 공산당 내전 승리	북한, 중국과 군사협력 강화	중공군 일부 참전 준비
1949 말	정규군 10만 명 달성	6개 보병사단, 1개 기계화여단, 1개 전차여단 보유	남한 국군보다 우세
1950. 1~4.	남침 계획 구체화	김일성, 스탈린·모택동 설득	전쟁 시기 조율

2장 김일성과 스탈린의 6·25 전쟁 기획

| 1950. 6. 25. | 6·25 전쟁 발발 | 조선인민군 전면 남침 개시 | '조국해방전쟁' 명분 |

  1950년 1월 12일에 미국의 국무장관이었던 애치슨(Acheson)이 미국의 극동 방위선에서 한국을 제외하는 애치슨 라인(Acheson line)을 발표하였고, 이에 따라 소련의 스탈린은 김일성에게 남침을 허가하게 되었다. 애치슨 라인(Acheson line)은 미국의 극동 방위선을 알류샨 열도-일본-오키나와-필리핀을 연결하는 라인이었다.

  1945년 8월 해방 전후부터 1950년 6·25 전쟁 발발 시까지 북한은 소련의 지원을 받아 군사력을 증강하면서 남침을 준비하였으나, 한국의 경우는 미국으로부터 북한의 공격을 방어할 수 있는 군사력 지원을 받지 못했다. 북한의 전쟁 준비 과정과 한국의 대비 과정은 다음과 같다.

1945~1950년 남북한 전쟁 준비 과정 대비표

연도·월	북한의 전쟁 준비 과정	한국의 대비 과정
1945. 8~9.	- 8월 8일 소련 대일 선전포고 - 만주·한반도 북부 점령 시작, 8월 24일 평양 진입[153]	- 9월 미군정(USAMGIK) 설치 - 남한 행정·치안 담당[154]
1945. 10.	- 평양에 임시 인민위원회 조직 - 김일성 등장, 소련군 정치 지도하에 치안·군사 조직 재편[155]	
1945. 11.	- 북조선 5도 보안간부훈련소 설립 - 군사간부 양성 시작[156]	국방사무국 설치, 군사행정 담당[157]
1946. 1.	- 북조선보안간부 훈련대 확대 - 조선인민군의 간부 기반 형성[158]	- 국방경비대 창설 - 초기 8개 연대 편성 시작(약 2만 명)[159]

시기		
1946. 7.	보안간부학교, 평양·함흥 등지에 추가 설치160	
1946. 8.	소련식 군사 교육 강화161	- 해안경비대 창설, - 해안 치안과 연안 경비 담당162
1947. 2.	- 북조선인민군 창설 준비 착수 - 군 편제 구체화163	- 국방경비대 8개 연대 완편 - 전국 배치 완료164
1948. 2.	- 조선인민군 창설(병력 약 6만 명) - 소련제 무기 대량 도입165	
1948. 8.		- 대한민국 정부 수립 - 국방부 설치, 국방경비대를 국군으로 개편166
1948. 9.		- 대한민국 해군 창설 - 연안 작전 능력 강화167
1948. 10.		여순사건 발생, 국군 내부 정치적 결속 강화 계기168
1949. 3.	소련군 전면 철수 북한 단독 군사 체제 확립169	
1949. 4.	제1·2·3·5사단 창설, 대규모 야전 훈련 실시170	주한미군 철수 시작, 1개 여단만 잔류171
1949. 6.		대한민국 공군 창설(항공기 약 20여 대)172
1949. 8.		제주 4·3 사건 진압, 치안·내전 대응 능력 강화173
1950. 1.	스탈린, 김일성의 남침 계획 승인, 전쟁 준비 가속174	애치슨 라인 발표, 한반도 방위선 제외. 대비 태세 강화 논의 촉발175
1950. 4~6.	북한군 병력 19만 명, 전차 242대, 야포 2,000여 문, 전면전 준비 완료176	
1950. 6. 25.	새벽 4시, 북한군 38도선 전역에서 전면 남침 개시177	전쟁 발발, 국군 초기 방어전 돌입178

에필로그

히틀러는 제2차 세계대전을 일으키며 매킨더의 '심장지역(Heartland)' 이론을 명분으로 내세웠고, 푸틴은 방어 목적으로 설립된 나토(NATO)의 동진을 저지하기 위해 우크라이나를 침공했다고 주장하였다.

반면 김일성은 6·25 전쟁을 일으킨 이유를 대외적으로 명확히 밝힌 적이 없다. 그는 동족상잔의 6·25 전쟁이 명분 없는 전쟁임을 스스로 인식하고 있었던 것으로 보인다. 휴전 협정 북한 측 대표였던 이상조조차 대규모 군사 행동 가능성을 어렴풋이 짐작했을 뿐, 그것이 남한 전역을 점령하기 위한 전면전 준비라는 사실은 알지 못했다고 전한다. 김일성은 전쟁 준비 과정에서 스탈린을 수차례나 찾아가 남침 승인을 요청하면서도, 측근들에게조차 이를 철저히 비밀에 부쳤다.

그러나 김일성은 해방 직후부터 한반도 전체를 공산정권하에 두는 것을 목표로 삼고 있었다. 그는 1946년 8월 평양 연설에서 "남조선을 무력으로 해방하지 않고서는 조선 혁명은 완성될 수 없다. 북조선을 민주기지로 더욱 강화하여 전면적인 해방 전쟁을 준비해야 한다."179고 천명하며, 남한 적화통일의 의지를 노골적으로 드러냈다. 이후 그는 소련의 지원 아래 정규군을 창설하고 군사력을 급속히 강화하는 한편, 스탈린과 모택동에게 군사적 지원과 전쟁 승인을 요청하였다.

흐루쇼프는 회고록에서 김일성이 여러 차례 모스크바를 방문해 "남한을 해방시켜 통일 국가를 세우겠다"는 의지를 강하게 피력했다고 기록하였다. 또한 펑더화이(彭德懷)와 저우언라이(周恩來)는 1949~1950년 김일성이 무력 통일 결심을 확고히 하고, 중국군(인민지원군)의 참전 가능성까지 미리 협의했다고 증언하였다.

스탈린은 초기에는 미국의 개입 가능성을 우려해 신중론을 유지했으나, 1949년 8월 소련의 첫 원자폭탄 실험 성공, 10월 국공내전에서의 중국 공산당 승리 그리고 1950년 1월 미국이 한국과 대만을 극동 방위선에서 제외한 애치슨 라인 선언 발표가 그의 태도를 변화시켰다.

1950년 4월, 스탈린은 미국의 개입 가능성이 낮고, 중국의 지원이 보장된다는 판단 아래 김일성의 남침 계획을 승인하였다. 이어 5월, 모택동은 전쟁 발발 시 중국군 파병을 약속하였고, 1950년 6월 25일 새벽, 북한군은 38선 전역에서 전면 남침을 감행하였다.

결국 6·25 전쟁은 김일성이 기획하고, 스탈린과 공모하여 모택동과 합의한 국제 공산권의 공동 침략 작전이었다. 이 전쟁은 한반도를 폐허로 만들었을 뿐 아니라 냉전의 동아시아 전선을 고착시키는 결정적 계기가 되었다.

김일성의 남침 준비와 6·25 전쟁 발발 연표

시기	사건	내용
1946. 8.	민주기지론 천명	김일성, 평양 연설에서 "남조선을 무력으로 해방하지 않고서는 조선 혁명은 완성될 수 없다" 발언
1948. 9.	북한 정권 수립	조선민주주의인민공화국 수립, 정규군 창설 가속화
1949. 6.	미군 전투 부대 철수	주한미군 전투부대 완전 철수, 북한은 남침 기회로 인식
1949. 8.	소련 핵실험 성공	스탈린, 대미 전략에서 자신감 확대
1949. 10.	국공내전에서 중국 공산당 승리	중화인민공화국 수립, 동북아 공산권 세력 급격 확대
1950. 1.	애치슨 라인 선언	미국, 한국과 대만을 극동 방위선에서 제외
1950. 4.	스탈린 승인	중국 지원 조건부로 남침 계획 승인, 대규모 무기 지원 약속
1950. 5.	모택동 합의	전쟁 발발 시 중국군(인민지원군) 파병 약속
1950. 6. 25.	04:00 전면 남침	북한군, 38선 전역에서 포격 후 기갑·보병 부대 투입, 6·25 전쟁 발발.

3장

남침과 최후의
보루 낙동강 전선 구축

1950년 6월 25일 전면 남침

전쟁 발발 시각과 전선 상황

1950년 6월 25일 일요일 새벽 4시, 북한군은 38선 전역에서 일제히 포격을 개시하여, 약 30분간의 대규모 포격 후 소련제 T-34 전차 약 150대를 선두로 기갑부대와 보병부대가 남하를 시작했다[180]. 동·중·서부 전선을 동시에 타격하는 전면 남침이었다.

당시 국군은 전차를 보유하지 않았고, 57mm 대전차포로 명중시켜도 T-34 전차의 전면 장갑을 관통하지 못했다. 이러한 열세 속에서도 일부 전선에서는 국군이 초기 방어에 성공하였다.

대한민국 정부와 국군은 전면전이 아닌 국지적 도발 가능성에 무게를 두고 있었기 때문에 초기 대응이 지연되었으며, 1950년 6월 25일 오전 6시, 국방부의 전황 보고는 아래와 같았다.

"적은 새벽 4시를 기해 전 전선에 걸쳐 포격을 개시하였으며, 주력은 의정부·춘천·강릉 방면으로 침투 중이다.[181]"

북한군 전력과 남침 축선

남침 작전에 투입된 북한군은 약 10만 명 규모로, 150여 대의 T-34 전차와 대규모 포병 전력을 보유하고 있었으며[182], 각 군단은 사전에 준비된 3개 축선을 따라 진격하였다.

- 서부 축선: 개성-문산-서울(제6사단)
- 중부 축선: 철원-의정부-서울(제3·4사단)
- 동부 축선: 고성-강릉-동해 남하(제5사단)

북한군은 제1군단은 서부 주공, 제2군단은 중부 주공, 제5군단은 동부 조공으로 하여 3개 군단으로 침공하였다[183].

- 서부 주공 제1군단: 제6사단, 제1사단(예비)
- 중부 주공 제2군단: 제3사단, 제4사단
- 동부 조공 제5군단: 제5사단, 제12사단(예비)

국군 초기 피해와 대응

북한군의 포병 화력과 기갑 돌파는 국군 전방부대에 치명적이었다[184]. 특히 서부 전선의 국군 제1사단과 중부 전선의 국군 제7사단은 전차와 포병 지원이 부족해 방어선이 빠르게 붕괴됐다.

춘천·홍천 등 일부 지역에서는 국군의 강력한 저항이 있었으나, 전차에 대한 효과적 대응 수단이 전무해 전선 전체가 불안정해졌다[185].

전쟁 발발 직후 국내외 반응

전쟁 발발 소식은 오전 9시경부터 서울 시내와 언론에 전해졌으며, 국방부와 합참은 이를 "북한군의 전면 남침"으로 공식 발표했다[186].

같은 날 오후, 미국 정부는 아래와 같은 미국 국무부 전문(1950. 6. 25.)으로 유엔 안보리에 긴급 소집을 요청하도록 지시하였다.

> "이 사태를 유엔 안보리에 긴급 회부할 것을 지시함. 한국의 주권과 영토 보전을 침해하는 무력공격임이 명백함[187]."

미국 국무부 전문에 따라 유엔안보리는 긴급회의를 열어 북한군의 철수를 요구하는 결의안을 채택하였다[188].

1950년 6월 25일 새벽의 전면 남침은 김일성의 치밀한 사전 준비와 소련·중국의 전략 지원 아래 이루어진 기습 작전이었다[189]. 38선 전역에서 동시다발적으로 시작된 포격과 전차 돌파는 국군 전방 방어선을 하루 만에 붕괴시켰고, 이는 서울 함락으로 이어지는 급속한 전황 악화로 이어졌다.

1950년 6월 25일 전선 상황

38선은 동해안 고성에서 서해안 해주까지 약 241km에 걸쳐 형성되어 있었고[190], 북한군은 이를 동·중·서부 3개 주요 축선으로 나누어 전격적인 공격을 감행했다.

북한군 3개 축선 공격 개요

구분	서부 전선(서울 축선)	중부 전선(의정부 축선)	동부 전선(강릉 축선)
주공 방향	개성 → 문산 → 서울	철원 → 의정부 → 서울	고성 → 강릉 → 삼척
투입 부대	북한군 제6사단(전차 연대 포함)	북한군 제3사단, 제4사단	북한군 제5사단
목표	서울 북방 한강 도하 및 조기 수도 점령	의정부 돌파 후 서부 전선 부대와 서울에서 합류	영동지역 장악, 남부 전선 배후 차단
전개	개전 직후 문산 방어선 돌파, 전차 선봉대 서울로 진격	포병 화력 집중 후 보병·전차 협동 돌파, 의정부 방어선 위협	강릉 점령을 목표로 속도전 전개

북한군의 1950년 6월 25일 38선 전역 포격·공세 개시 시간표는 다음과 같다[191].

38선 전역 포격·공세 개시 시간표

시각	구역	주요 전개
04:00	전 전선	동·중·서부 전역에서 일제히 포격 개시, 약 30분간 지속
04:30	서부 전선(개성-문산)	제6사단 전차·보병 전진 시작, 문산 방면 돌파 시도
04:30	중부 전선(철원-의정부)	제3·4사단 포병사격 종료 후 돌격 개시
04:40	동부 전선(고성-강릉)	제5사단 해안도로 축선 진입, 강릉 방향 남하 개시
06:00	서부 전선	문산 방어선 일부 붕괴, 북한군 선봉대 전차 남진
08:00	중부 전선	전방 방어 진지 다수 돌파, 의정부 전방 전투 격화
09:00	전 전선	국군 본부 상황 파악, 전면 남침 공식 판단
12:00	동부 전선	강릉 북방 교전 심화, 해안도로 부대 후속 진입
14:00	서·중부 전선	북한군 전차부대 한강 북쪽 전방위 압박
17:00	중부 전선	의정부 전방 일부 방어선 후퇴, 시가 방어 준비

북한군 파죽지세와 서울 점령

북한군 남진 가속

6월 25일 전면 남침 개시 후, 북한군은 포병·기갑 협동으로 주요 방어선을 연속 돌파하며 남하 속도를 높였다192.

서부 전선의 제6사단은 개성-문산 축선에서 국군 제1사단의 방어를 붕괴시키고, 6월 26일에는 한강 이북까지 진출하였다193.

중부 전선에서는 제3·4사단이 의정부 방어선을 돌파하며, 6월 27일 저녁에는 서울 북방 10km 지점까지 도달하였다194.

국군의 방어와 후퇴

국군은 초기 방어에서 전차 및 중(重)화기의 절대적 열세로 인해 방어 지속이 불가능했고, 한강 이북에서의 지연 작전을 포기하고 서울 철수를 결정하였다195.

6월 27일 오후, 이승만 대통령은 서울 시내 방송을 통해 "정부는 수도를 사수할 것"이라 발표했으나, 실제로는 이미 한강 이남으로의 철수 준비가 진행되고 있었다196.

한강 철교 폭파 사건

　6월 28일 새벽 2시 30분경, 국군 공병부대는 한강 인도교 및 철교를 폭파했다[197]. 이는 북한군 전차부대의 도하를 지연시키려는 의도였으나, 당시 서울 시내를 빠져나오던 민간인과 국군 병력이 강을 건너지 못해 막대한 피해가 발생했다[198]. 이 폭파는 상부의 명확한 지시 없이 조기 실행되었으며, 민심에 큰 충격을 주었다[199].

서울 시가전과 함락

　북한군 제3·4사단의 선봉대는 6월 28일 오전, 서울 북부를 통해 시내로 진입했다[200]. 시가전은 거의 없이 북한군은 주요 관공서, 방송국, 경찰청을 신속히 장악했다[201]. 오전 11시경, 북한군은 중앙청에 인공기를 게양하며 수도 점령을 공식화했다[202].

북한군 점령 정책과 주민 통제

　점령 직후 북한군과 조선노동당 요원들은 서울 시내 주요 기관에 '인민위원회'를 설치하고 행정 장악에 착수했다[203]. 전 국회의원, 경찰, 우익 인사 등은 체포되어 북송되었으며, 주요 언론 기관은 모두 접수되었다[204].

서울 함락의 전략적 영향

　서울의 조기 함락은 국군의 전선 재정비를 어렵게 만들었으며, 북한군이 한강 이남으로 신속히 남하할 수 있는 교두보를 제공했다[205].
　그러나 서울 조기 함락은 미국과 유엔의 군사 개입 결정을 가속화시키는 계기가 되었고206, 이후 인천상륙작전 전까지 전황은 북한군의 주도하에 전개되었다.

춘천·홍천·강릉 주둔 국군의 초기 방어

춘천 전투

북한군 제2군단 예하 제2사단과 제12사단(예비)은 중부 축선에서 의정부로 진격하는 주력 부대의 측방 지원과 강원 내륙 진출을 위해 춘천 방면으로 남하했다[207].

이에 맞서 국군 제6사단은 지형을 활용한 방어를 준비하고, 북한군의 기습에 대비해 사전 진지 강화 작업을 실시했다[208].

6월 25일 오전, 북한군은 대규모 포병 화력으로 공격을 시작했으나, 국군은 M1 소총과 105mm 곡사포 사격으로 이를 저지했다[209].

춘천 전투는 사흘간 지속되어 북한군의 강원 내륙 진출을 지연시켜 전선 전체에서 유일하게 초기 방어에 성공한 사례로 기록된다[210].

홍천 전투

홍천은 강원 내륙과 원주·서울로 연결되는 교통 요충지로, 북한군 제2군단 일부가 이 지역을 우회해 서울 방면으로 접근하려 했다[211].

국군 제6사단 예하 부대는 홍천 방면에서 도로 장악과 교량 파괴를 통해 북한군 기동을 차단했다[212].

치열한 교전 끝에 북한군은 강원 내륙 경로를 통한 우회에 실패했고, 전력이 분산되었다[213].

강릉 전투

동부 전선에서 북한군 제5군단 예하 제5사단은 고성-속초-강릉 축선으로 남하해 영동 지역 장악을 시도했다[214].

국군 제8사단과 해안경비대는 강릉 북방에 방어 진지를 구축하고, 6월 25일 오전부터 방어전을 벌였다[215].

초기에는 북한군이 해안도로를 따라 빠르게 전진했으나, 강릉 북방에서 국군의 지연 작전에 부딪혀 남하 속도가 늦춰졌다[216].

그러나 전차와 중포의 부족으로 장기 방어는 불가능했고, 6월 26일 오후 북한군이 강릉에 진입했다[217].

전략적 의의

춘천·홍천·강릉 전투에서의 국군 저항은 북한군의 계획된 동시 남하 작전에 시간적 지연을 초래하게 하였다[218].

특히 춘천 전투의 지연 효과는 서울 방면 국군이 일부 방어선을 재정비할 시간을 벌어 주었으며[219], 유엔군 참전 초기 단계에서 강원 내륙 방어의 발판이 되었다[220].

이승만 대통령의 서울 철수

서울 사수 공언과 철수 결정

1950년 6월 27일 오후, 이승만 대통령은 서울 중앙방송을 통해 "정부는 서울을 사수할 것이며, 끝까지 이곳을 지킬 것"이라고 국민에게 발표했다[221].

그러나 같은 시각, 대통령과 정부 주요 인사들은 한강 이남으로의 철수 계획을 이미 확정하고 있었으며[222], 군 수뇌부와 비밀리에 후퇴 시점과 경로를 조율하고 있었다[223].

대통령의 철수 경위

이승만 대통령은 6월 27일 밤, 경무대에서 소수 경호 인원만 대동한 채 비밀리에 서울을 떠나 한강을 건넜다[224].

공식 기록에 따르면 대통령은 28일 새벽 2시경 한강 남쪽의 대전 방면으로 이동했으며, 이후 대전으로 내려가 임시 정부 청사를 설치했다[225].

이 과정에서 국회와 많은 정부 부처는 사전에 철수 통보를 받지 못했고, 한강 다리 폭파로 인해 일부 장관과 의원들은 서울에 고립되었다226.

한강 다리 폭파와 혼란

대통령 철수 직후인 6월 28일 새벽 2시 30분, 국군 공병부대는 한강 인도교 및 철교를 폭파했다227.

이로 인해 후퇴하던 군인과 민간인 수천 명이 강 북안에 고립되었으며, 서울 시민들 사이에서는 정부가 국민을 버렸다는 비난이 거세졌다228.

정부 발표와 실제 상황의 괴리

정부는 공식적으로 "한강 이북 지역은 전술상 부득이하게 포기했다"고 발표했으나229, 실제로는 6월 27일 오후 이미 수도 방어는 불가능하다고 판단하고, 대통령과 일부 고위 관료의 안전을 우선시했다는 비판이 제기되었다230.

이 사건은 전쟁 초기 정부에 대한 신뢰를 크게 약화시켰으며, 훗날까지 정치·역사적 논쟁의 대상이 되었다231.

역사적 평가

일부 학자들은 당시 상황에서 정부와 대통령의 철수는 불가피했다고 평가한다232.

그러나 다른 견해에서는, 국민에게 서울 사수를 약속한 직후 비밀리에 철수한 행위는 지도자의 도덕성과 국가 운영의 신뢰를 훼손한 사례로 본다233.

한강 방어선 구축

서울 함락 이후 전선 재편

1950년 6월 28일 서울이 북한군에 점령된 직후, 국군과 정부는 한강을 중심으로 한 새로운 방어선을 구축하기로 결정했다[234]. 이 방어선은 한강을 자연 장벽으로 활용하여 북한군의 남하를 저지하고, 후방 재정비 시간을 벌기 위한 목적이었다[235].

방어선의 범위와 주요 거점

한강 방어선은 서해안 김포 반도에서 동쪽 양평까지 약 80km 구간에 걸쳐 형성되었으며[236], 주요 방어 진지는 김포, 행주, 마포, 용산, 동작, 잠실, 광나루, 양평 등 강변의 도하 가능 지점에 집중 배치되었다[237].

투입 전력과 배치

한강 방어에는 국군 제1사단, 제6사단, 제7사단 잔여 병력이 재편되어 투입되었으며[238], 일부 경찰부대와 학도의용대가 후방 방어를 지원했다[239].

포병 전력은 105mm 곡사포와 일부 155mm 곡사포가 배치되었지만, 전차와 대전차 화력은 극도로 부족했다[240].

방어 준비의 문제점

서울 철수와 다리 폭파로 인해 병력, 장비, 보급품이 강북에 남겨진 채 손실되었고[241], 방어진지는 급히 설치되어 참호·진지가 미비했다[242]. 또한 한강 폭이 넓고 수심이 깊음에도 불구하고, 북한군의 야간 도하를 막을 조명·감시 장비가 부족했다[243].

북한군의 도하 시도와 초기 교전

북한군은 6월 29일부터 7월 2일까지 마포, 행주, 광나루 등에서 도하를 시도했으나, 국군의 집중 포격과 저격으로 일부 격퇴되었다[244].

그러나 7월 3일 이후 북한군은 동작·잠실 방면에서 은밀한 도하에 성공하며 교두보를 확보했다[245].

전략적 의의와 한계

한강 방어선은 북한군의 남하를 약 5일간 지연시키는 데 성공했으나[246], 장비 부족과 병력 열세, 지휘 혼선으로 장기 방어에는 실패했다[247].

그럼에도 이 기간은 대전으로 이동한 정부와 미군 참전 준비에 필요한 시간을 벌어 주는 전략적 완충 지대 역할을 했다[248].

맥아더 장군의 전선 시찰과
인천상륙작전 구상

1950년 7월 3일경, 북한군은 동작·잠실 방면에서 도하에 성공하며 한강 방어선을 돌파했다[249].

국군은 지휘 체계 혼선과 병력 열세로 후퇴를 개시했고, 전선은 하루 평균 20~30km씩 남하했다[250].

7월 4일 수원 함락, 7월 6일 평택·진위 방어선 붕괴, 7월 8일 대전 북방까지 북한군이 접근했다[251].

맥아더 장군의 전선 시찰

6월 29일, 미 극동군 사령관 더글러스 맥아더(Douglas MacArthur) 장군은 전선 시찰을 위해 한국을 방문했다[252].

맥아더는 대전 전투 이후 후퇴하는 미·한국군의 상황을 직접 보고, 단순한 방어만으로는 전세 역전을 기대하기 어렵다고 판단했다[253].

그는 곧 '적 후방 상륙을 통한 전세 역전' 개념을 구상하였으며, 이를 통해 인천상륙작전(Operation Chromite)의 기본 구상이 마련

되었다[254].

인천상륙작전의 초기 구상

맥아더는 상륙 지점으로 부산, 군산, 인천 등을 검토했으나, 수도 서울과 가까우면서도 적 보급선을 절단할 수 있는 인천을 최적지로 판단했다[255].

다만, 인천항은 조수간만의 차가 크고 수로가 좁아 상륙 난이도가 높았으며, 미 합참 내에서도 반대 의견이 많았다[256].

그럼에도 맥아더는 "성공 시 전략적 효과가 전쟁의 향방을 바꾼다"는 논리로 계획을 강력히 추진했다[257].

북한군 3개 축선으로 남하

서울 함락 이후 북한군은 3개 주요 축선을 따라 남하했다[258].

- 서부 축선(서울-수원-대전-부산 방면): 제1군단(제3·4·6사단) 주공
- 중부 축선(춘천-원주-대구 방면): 제2군단(제2·5·12사단)
- 동부 축선(강릉-삼척-포항 방면): 제5군단(제8·15사단)

각 축선은 전차·포병을 선두에 세워 빠른 돌파를 시도했으며, 일부 부대는 내륙 도로와 해안도로를 병행 사용했다[259].

낙동강 전선 형성

7월 말~8월 초, 국군과 미군은 경북·경남 일대 낙동강을 최후 방어선으로 설정했다[260].

낙동강 전선은 김해-마산-대구-영천-포항에 이르는 약 240km

방어선으로, 자연 장벽을 활용한 지연전의 핵심이었다[261].

맥아더는 낙동강 전선에서 북한군을 최대한 묶어 두고, 9월 인천상륙작전으로 전세를 역전시키는 이중 작전 구상을 확정했다[262].

전략적 의의

낙동강 전선은 북한군의 남하를 약 두 달간 지연시켜, 미군 증원과 유엔군 전력 집중 시간을 벌어 주었다[263].

또한 이 방어선이 유지되지 않았다면 인천상륙작전 자체가 불가능했을 것이라는 평가를 받는다[264].

북한군의 3개 축선 진격과
낙동강 전선

서울 함락 이후 북한군의 공세 전개

1950년 6월 28일 서울을 점령한 북한군은 곧바로 전선을 재정비하고, 남한 전역을 단기간 내에 장악하기 위해 3개 주요 축선으로 남진을 개시했다265. 북한군은 기갑부대와 포병을 선두에 세운 속도전으로 국군의 방어선을 연속 돌파하며 하루 평균 20~30km의 진격 속도를 유지했다266.

서부 축선(서울-수원-대전-부산 방면)

제1군단(제3·4·6사단)이 주공을 맡아 경부 축선을 따라 남하했다267. 7월 4일 수원 함락, 7월 6일 평택·진위 방어선 붕괴, 7월 14일 대전 전투에서 국군 제1사단과 미 제24사단을 격파하고 대전을 점령했다268. 이 축선의 목표는 경부선 철도와 도로를 따라 부산으로 직통 돌파하는 것이었다269.

중부 축선(춘천-원주-대구 방면)

제2군단(제2·5·12사단)은 강원 내륙을 거쳐 원주-충주-문경을 돌파해 대구로 향했다[270]. 국군 제6사단과 제8사단이 방어했으나, 전차와 중포의 부족으로 7월 하순에는 대구 북방까지 북한군이 접근했다[271].

동부 축선(강릉-삼척-포항 방면)

제5군단(제8·15사단)은 해안도로를 따라 남하하며 해병·해군과 연계한 해안 차단을 시도했다[272]. 7월 12일 울진 점령, 7월 하순 포항 북방까지 도달하여 동해안 보급로를 위협했다[273].

낙동강 전선 형성

7월 말, 국군과 미군은 경북·경남 일대 낙동강을 최후 방어선으로 구축했다[274]. 낙동강 전선은 김해-마산-대구-영천-포항에 이르는 약 240km 구간으로, 강의 폭과 유속을 이용해 북한군의 도하를 저지하는 전략이었다[275]. 맥아더 극동군사령부는 낙동강선에서 북한군을 고착시키고, 9월 인천상륙작전으로 전세를 역전시키는 계획을 확정했다[276].

전략적 의의

낙동강 전선은 8월~9월 두 달간 유지되며 북한군의 공세를 저지하고[277], 미군 증원과 유엔군 전력 집중 시간을 벌어 주었다[278]. 역사가들은 이 방어선이 붕괴되었다면 한반도 전역이 북한군의 통제하에 놓였을 가능성이 높으며, 인천상륙작전 자체가 불가능했을 것이라 평가하였다[279].

에필로그

  1950년 6월 25일 새벽, 북한군은 38선 전역에서 약 30분간의 대규모 포격을 가한 뒤, 소련제 T-34 전차 약 150대를 선두로 남침을 개시했다. 당시 국군은 전차를 보유하지 않았고, 57mm 대전차포로 명중시켜도 T-34 전차의 전면 장갑을 관통하지 못했다. 이러한 열세 속에서도 일부 전선에서는 국군이 초기 방어에 성공하였다.

  춘천 방면의 국군 제6사단은 북한군 제2군단 예하 제2사단의 공격을 사흘간 저지하며 강원 내륙 진출을 지연시켰다. 홍천 방면에서는 제6사단 예하 제2연대와 제19연대가 북한군 기동을 차단하여 강원 내륙을 통한 우회 작전을 무산시켰다. 강릉 방면에서도 국군 제8사단과 해안경비대가 북한군 제5군단의 남하 속도를 늦추었다.

  그러나 서부 전선에서는 북한군 제6사단이 국군 제1사단의 방어선을 돌파해 6월 26일 한강 이북에 진출했고, 중부 전선의 제3·4사단은 6월 27일 저녁 서울 북방 약 10km 지점까지 접근했다.

6월 27일, 국군은 한강 이북에서의 지연 작전을 포기하고 서울 철수를 결정했다. 이날 오후, 이승만 대통령은 라디오 방송을 통해 "서울을 사수하겠다"고 발표했으나, 실제로는 정부와 군 수뇌부가 이미 한강 이남으로의 철수를 확정한 상태였다. 6월 28일 새벽 2시경, 이승만 대통령은 소수의 경호 인원과 함께 비밀리에 서울을 떠나 한강을 건너 대전으로 이동, 임시 정부 청사를 설치했다.
  서울은 6월 28일 북한군에 점령되었고, 국군은 즉시 한강 방어선을 구축했으나, 7월 3일 북한군이 동작·잠실 방면에서 도하에 성공하면서 방어선은 붕괴됐다.
  6월 29일, 맥아더 미 극동군사령관이 한국을 방문해 전선을 시찰한 뒤, 단순 방어만으로는 전세 역전을 기대하기 어렵다고 판단하고 인천상륙작전을 구상했다.
  서울 점령 이후 북한군은 단기간 내 남한 전역을 장악하기 위해 3개 축선으로 남진을 전개했다.

  - 제1군단(제3·4·6사단): 서부 축선 - 서울 → 수원 → 대전 → 부산 방면
  - 제2군단(제2·5·12사단): 중부 축선 - 춘천 → 원주 → 대구 방면
  - 제5군단(제8·15사단): 동부 축선 - 강릉 → 삼척 → 포항 방면

  7월 말, 국군과 미국군은 김해-마산-대구-영천-포항을 연결하는 약 240km의 낙동강 방어선을 구축하였다.
  맥아더 사령부는 이 낙동강 전선에서 북한군을 고착시키고, 9월 인천상륙작전을 단행해 전세를 역전시키는 전략을 확정하였다.

4장

대한민국의 기사회생과 반격의 시작

유엔 안전보장이사회 결의안 통과와
유엔군의 긴급 참전

1950년 6월 25일 새벽, 북한군이 전면 남침을 개시하자 대한민국 정부는 즉각 유엔에 북한의 침략 사실을 보고하고 군사적 지원을 요청하였다. 같은 날 오전, 미국의 요청으로 유엔 안전보장이사회(UNSC)는 긴급 회의를 소집하였다. 당시 소련은 중화인민공화국의 유엔 대표권 부여 문제(대만 대표가 안보리 상임이사국이었음)에 반발하여 회의에 불참하고 있었기에 거부권을 행사하지 못했다[280].

6월 25일 채택된 결의안 제82호는 북한의 남침을 "평화를 파괴하는 행위"로 규정하고, 즉시 38선 이북으로 철수할 것을 요구하였다[281]. 북한이 이를 무시하자, 6월 27일 결의안 제83호를 통해 유엔 회원국에 대한민국 지원을 권고하였다[282].

미국은 즉시 극동군사령부(사령관 더글러스 맥아더 장군)에 한반도 작전 계획 수립을 지시하고, 일본 주둔 미 지상·해·공군 부대의 한국 투입을 결정했다. 이어 6월 29일 채택된 결의안 제84호는 미국을 중심으로 한 다국적군 편성을 승인하고, 맥아더 장군을 유엔군 총사령관으로 임명하였다[283]. 이에 따라 16개국이 전투 부대를, 5개국이 의료·후방 지원을 제공하기로 했다.

이러한 유엔의 신속한 대응은 한국 전쟁 초기 전세 역전에 결정적 발판을 마련했으며, 전쟁 성격을 대한민국 단독 방어전에서 국제연합 집단 안보 체계에 의한 국제전으로 전환시켰다.

유엔 안보리 결의안 내용

구분	영문	국문
결의안 제82호 (1950. 6. 25.)	"The Security Council… determines that the armed attack upon the Republic of Korea by forces from North Korea constitutes a breach of the peace. The Security Council calls for the immediate cessation of hostilities and calls upon the authorities of North Korea to withdraw forthwith their armed forces to the 38th parallel."	"안전보장이사회는 조선민주주의인민공화국 군대의 대한민국에 대한 무력 공격이 평화 파괴 행위에 해당함을 판단한다. 안전보장이사회는 적대 행위의 즉각적인 중단을 요청하며, 조선민주주의인민공화국 당국이 무장 병력을 북위 38도선 이북으로 즉시 철수할 것을 촉구한다."
결의안 제83호 (1950. 6. 27.)	"The Security Council recommends that the Members of the United Nations furnish such assistance to the Republic of Korea as may be necessary to repel the armed attack and to restore international peace and security in the area."	"안전보장이사회는 조선민주주의인민공화국 당국이 적대 행위를 중단하거나 병력을 38도선 이북으로 철수하지 않았으며, 국제 평화와 안전을 회복하기 위해 긴급한 군사 조치가 요구된다는 유엔 한국위원회의 보고에 유의한다. 안전보장이사회는 대한민국에 무력 공격을 퇴치하고 평화와 안전을 회복하기 위해 필요한 지원을 제공할 것을 유엔 회원국들에게 권고한다."

결의안 제84호 (1950. 6. 29.)	"The Security Council recommends that all Members providing military forces and other assistance pursuant to the aforesaid Security Council resolutions make such forces and assistance available to a unified command under the United States…"	"안전보장이사회는 결의안에 따라 병력 및 지원을 제공하는 국가들이 미국 지휘 아래 구성된 통합사령부에 제공할 것을 권고하고, 미국에게 통합사령관을 지정할 것을 요청하며, 통합사령부가 유엔기를 사용할 수 있도록 승인한다."

당시 유엔 안전보장이사회 회의 구조는 아래와 같다.

- 상임이사국(5): 미국, 영국, 프랑스, 소련(불참), 중화민국(대만)
- 비상임이사국(10): 이집트, 쿠바, 에콰도르, 인도, 노르웨이, 유고슬라비아, 기타 순환국(4)

당시 소련은 1950년 1월 13일부터 8월 1일까지 '중국 대표권 문제'를 이유로 안보리 회의를 보이콧 했다. 이는 장제스(중화민국) 정부가 여전히 중국 대표석을 점유하고 있던 것에 항의하여, 모택동의 중화인민공화국 정부가 대표권을 가져야 한다는 입장이었다[284]. 그러나 이 불참으로 인해 1950년 6월 한국전쟁 발발 시 거부권을 행사하지 못하게 되었고, 미국 주도의 유엔군 참전이 가능해졌다.

인천상륙작전과 서울 수복

작전 배경

1950년 7월 말, 국군과 유엔군은 낙동강 전선에서 북한군의 파상공세를 가까스로 저지하고 있었다. 그러나 단순한 방어만으로는 전세를 뒤집기 어려웠다. 미 극동군사령관 더글러스 맥아더 장군은 전황을 단숨에 역전시키기 위해 북한군의 보급선을 차단하고 후방을 타격하는 대담한 상륙 작전을 구상했다. 그 목표지로 인천이 선정되었다[285].

인천은 조수간만의 차가 크고, 수로가 좁으며, 상륙에 적합한 해변이 제한적이어서 위험이 컸지만, 바로 그 점이 북한군의 허점을 찌를 수 있는 요소로 작용했다[286].

작전 준비

유엔군은 '크로마이트 작전(Operation Chromite)'이라는 암호명으로 상륙 작전을 비밀리에 준비했다[287].

크로마이트 작전(Operation Chromite) 개요 도표

목적	북한군 보급선 차단 및 후방 타격, 서울 수복
기간	1950년 9월 15일 ~ 9월 29일
주요 지휘관	- 더글러스 맥아더 장군(유엔군 총사령관) - 에드워드 알몬드 소장(미 제10군단장)
상륙 부대	미 제1해병사단, 미 제7보병사단, 국군 제1해병연대 등 약 7만 명
해상 지원	항공모함 2척, 순양함·구축함 포함 230여 척
상륙 지점	인천(월미도 포함)
주요 전개	① 월미도 점령(9. 15.) → ② 인천 시내 확보 → ③ 한강 돌파 → ④ 서울 수복(9. 29.)
결과	서울 탈환, 북한군 후방 차단, 전세 역전

상륙과 돌파

1950년 9월 15일 새벽, 함포 사격과 항공 폭격으로 해안 방어선을 무력화한 뒤 유엔군 상륙부대가 인천에 상륙했다.

9월 15일 오전, 미국 해병 5연대가 월미도를 신속히 점령하여 인천항 진입로를 확보했다[288].

9월 15일 오후~16일, 상륙부대가 인천 시내를 장악하며 한강 이남에 배치된 북한군의 퇴로를 차단하였다.

북한군은 인천 지역 방어 병력이 약 2천 명에 불과해, 대규모 상륙에 속수무책으로 밀렸다.

서울 수복

상륙 후 유엔군은 곧장 한강 북쪽으로 진격하여 서울 탈환 작전을 전개했다.

9월 22~27일, 미국 해병 1사단과 국군 제1사단이 협공하여 서울을 공격하였다[289].

9월 27일, 중앙청을 탈환하여 서울 탈환이 사실상 완료되었다.

9월 29일, 이승만 대통령이 복귀하여 맥아더 장군과 함께 시청 광장에서 서울을 완전 수복하였다는 승리 선언 연설을 하였다[290].

서울 수복으로 북한군은 남한 내 병참과 지휘 체계가 무너졌으며, 전황은 낙동강 전선의 방어전에서 북진으로 전환되었다.

전략적 의의

인천상륙작전은 제2차 세계대전 이후 가장 성공적인 상륙 작전으로 평가받으며, 다음과 같은 전략적 효과를 거두었다[291].

- 북한군 주력의 후방 차단과 퇴로 봉쇄
- 서울 탈환 및 대한민국 정부의 수도 복귀
- 낙동강 전선 돌파와 북진 작전 발판 마련

북진과 평양 점령

개요

1950년 9월 15일 인천상륙작전 성공 이후, 유엔군과 국군은 서울 수복(9월 28일)을 마치고 한반도 전역에서의 공세로 전환하였다. 맥아더 장군은 38선 이북으로의 진격을 승인하며 북한 정권의 군사력과 정치적 기반을 완전히 붕괴시키려는 계획을 수립하였다[292].

전개

서울 수복 직후, 국군 제1군단과 미 제9군단은 동·서부 전선에서 북진을 개시하였다.

서부 전선에서는 국군 제1사단과 미 제24사단이 개성-사리원-평양 방면으로 북진하여 10월 19일 국군 제1사단이 평양에 가장 먼저 입성하였다[293].

중부 전선에서는 국군 제6·8사단이 철원-평강-순안 방면으로 진격하였다.

동부 전선에서는 국군 제3·7사단과 미 해병 1사단이 원산 방면으로 북상하여 10월 10일 원산을 점령하였다[294].

이 시기 북한군은 인천상륙작전과 서울 전투에서의 패배로 지휘 체계가 붕괴되었으며, 상당수 병력이 북부 내륙과 압록강 방면으로 퇴각하였다. 소련제 전차와 화력이 크게 손실되어 방어전은 국지전 수준에 그쳤다[295].

결과

10월 19일, 국군 제1사단은 평양 시내에 태극기를 게양하며 공식적으로 점령을 선언하였다. 이로써 북한의 수도가 함락되고, 북한 정권은 강계·혜산 등 북부 산악 지대로 피신하였다. 김일성은 일시적으로 만주(중국 동북부)로 탈출하려 했으나, 중공군의 개입 계획에 따라 취소하였다[296].

의의

평양 점령은 한국전쟁 발발 이후 최초로 국군과 유엔군이 전략적 주도권을 확보한 사건이었다. 그러나 압록강까지의 진격 과정에서 중공군의 대규모 개입 조짐이 포착되었음에도 정치·군사 지도부는 전쟁 조기 종결에 대한 기대를 버리지 못했고, 이는 곧 10월 말부터 시작된 중공군의 전면 개입과 1·4 후퇴로 이어졌다[297].

김일성의 만주 망명 시도

개요

1950년 10월 중순, 유엔군과 국군은 평양을 점령한 뒤 북진을 계속하여 압록강 인근까지 진격하였다. 이로 인해 북한 정권의 존립 자체가 위기에 처했으며, 김일성은 평양을 떠나 만주로 망명하려는 움직임을 보였다[298]. 그러나 중공군의 개입 결정과 소련의 지원 전략 변화로 인해 그의 망명 계획은 실행 직전에 취소되었다[299].

탈출 배경

인천상륙작전(9월 15일)과 서울 수복(9월 28일) 이후, 국군과 유엔군은 38선을 돌파하고 평양을 10월 19일 점령하였다[300].

북한 내 주요 군사·행정 거점이 유엔군 수중에 들어가면서 김일성은 내각과 함께 전시 지도 체계를 유지할 수 없는 정권 붕괴 위기 상황에 직면했다[301].

스탈린은 김일성에게 만주 혹은 소련 블라디보스토크로의 임시 이동을 권유하였으나, 이는 북한 지도부의 정치적 위신에 심각한 타격을 줄 수 있는 선택이었다302.

탈출 준비와 계획

김일성은 평안북도 신의주를 경유하여 압록강을 건너 중국 단둥으로 이동한 뒤, 만주 집안(集安) 지역에 망명하여 임시 정착할 계획을 세운 것으로 알려졌다303.

그의 경호는 소련군 고문단과 북한 경호국이 공동으로 맡았으며, 지휘 차량과 호송 차량은 위장 도색이 되어 있었다304.

내각의 핵심 인물 일부는 이미 북·중 국경 인근으로 이동을 완료했으며, 김일성만 최종 시점까지 평양 인근에 머물렀다305.

망명 취소 이유

1950년 10월 하순, 중국은 '항미원조(抗美援朝)'를 명분으로 한 대규모 병력의 참전을 공식화했다306.

중국의 참전 결정으로 스탈린은 김일성의 망명보다 북한 내에서 중공군과의 연합 지휘를 통한 반격을 지시하였다307.

망명은 국내외 선전에서 '도주'로 해석될 수 있어, 김일성은 체제 정통성 유지를 위해 위험을 감수하고 북한에 잔류하기로 했다308.

결과와 영향

김일성의 망명 시도는 실행에 옮겨지지 않았으나, 이 사건은 북한 지도부가 당시 느낀 절박함과 전세 역전 가능성에 대한 불신을 잘 보여 준다. 이후 김일성은 중공군과의 협력 아래 11월 반격

작전을 개시했고, 유엔군은 1·4 후퇴라는 전략적 위기를 맞게 되었다[309].

맥아더 장군의 만주 폭격 계획

1950년 10월 초, 유엔군은 인천상륙작전과 서울 수복에 이어 북진을 개시하여 평양 점령을 눈앞에 두고 있었다. 그러나 전선의 빠른 북상과 함께 중공군의 참전 가능성이 급격히 높아졌다. 미 극동군사령관 더글러스 맥아더 장군은 만약 중국이 개입할 경우 전쟁 양상이 급변할 것을 우려하였고, 이를 사전에 차단하기 위해 중국 동북부(만주) 군사 거점과 철도, 병참 기지를 폭격하는 계획을 세웠다[310].

맥아더의 계획에는 압록강 다리 폭격, 안동(安東, 현재의 단둥) 지역 철도 차단, 중국군 병참 기지 및 공군 기지 선제 타격이 포함되었다. 그는 특히 중국이 한반도로 병력을 투입할 경우, 국경 너머까지 공격을 확대해야 한다고 주장하였다[311].

1950년 10월 9일, 미 제8군이 압록강 인근까지 진출하는 과정에서 맥아더는 워싱턴에 "중국의 개입은 전면전으로 간주하며, 필요시 만주 전역을 폭격해야 한다"는 내용의 전문을 보냈다[312]. 그러나 미국 정부, 특히 트루먼 대통령과 국무부는 소련과의 직접 충돌 위험과 제3차 세계대전 발발 가능성을 우려하여 이를 거부했다313.

10월 15일 웨이크섬에서 열린 트루먼-맥아더 회담에서 맥아더는 "중국군이 대규모로 개입하지 않을 것"이라는 낙관론을 펼쳤으나, 여전히 중국의 전략 거점을 선제 타격할 권한을 요구하였다314. 트루먼은 이 제안을 받아들이지 않았으며, 유엔군 작전 범위는 한반도 이내로 제한되었다.

그러나 불과 한 달 뒤인 11월 말, 중공군이 대규모로 참전하면서 맥아더가 경고했던 장기전 우려가 현실화되었고, 그는 다시 만주 폭격과 중국 해안 봉쇄, 심지어는 대만 주둔 국민당군의 한반도 파병까지 건의하였다315. 이 역시 워싱턴에 의해 거부되었으며, 이후 맥아더와 미 행정부 간의 갈등은 심화되어 1951년 4월, 그의 해임으로 이어졌다316.

중공군의 개입과 1·4 후퇴

1950년 10월, 유엔군은 인천상륙작전 성공과 서울 수복(9월 28일)에 이어 북진 작전을 개시하였다. 10월 19일에는 평양을 점령했고, 10월 말에는 일부 부대가 압록강 인근까지 진출하였다. 모택동은 북한의 패망을 막고 자국 안보를 지키기 위해 "항미원조(抗美援朝)"를 결정하고, 펑더화이(彭德怀) 장군을 사령관으로 하는 중국인민지원군 약 30만 명을 투입했다[317].

중공군은 10월 말 '압록강 전투'와 11월 초 '제1차 청천강 전투'에서 매복·야간 기습·포위 전술을 활용해 유엔군에 큰 피해를 입혔다[318]. 맥아더 장군은 이를 일시적 개입으로 오판하고 북진을 재개했지만, 1950년 11월 25일 개시된 중공군의 제2차 공세에서 전선은 급격히 붕괴하였다. 특히 미 제8군이 서부전선에서 퇴각하는 동시에, 동부전선의 미 해병 1사단과 미 7사단 일부는 장진호 전투에서 중공군에 포위되어 혹한 속에서 후퇴전을 전개했다[319].

이로 인해 1950년 12월~1951년 1월 초에 걸쳐 유엔군은 전 전선에서 남하를 시작했고, 1951년 1월 4일에는 서울이 다시 북한·중국군의 수중에 들어갔다. 이를 1·4 후퇴라고 한다[320].

이후 유엔군은 남쪽으로 후퇴하여 한강 이남과 원주-삼척-삼천포에 이르는 방어선을 구축하였으며, 전선은 점차 고착 상태로 들어갔다[321].

장진호 전투와 유엔군의 전술적 퇴각

　장진호 전투(長津湖戰鬪, Battle of Chosin Reservoir)는 1950년 11월 27일부터 12월 13일까지 북한 함경남도 장진호 일대에서 벌어진 전투로, 혹한과 열세의 병력 속에서 미 해병 1사단과 유엔군이 중공군의 대규모 포위망을 돌파하여 흥남으로 철수한 사례다. 이 전투는 "전략적 후퇴이자 전술적 승리"로 평가된다322.

　맥아더의 북진 명령에 따라 미 제10군단(알몬드 소장 지휘)은 원산 상륙 후 함경도 내륙으로 진격하였고, 미 해병 1사단은 서부 전선의 미 제8군과 연결하기 위해 장진호 방면으로 진출하였다323. 그러나 1950년 11월 말, 중공군 제9병단 약 12만 명이 혹한 속에서 기습을 감행하여 미군과 유엔군을 포위하였다324.

　전투 당시 기온은 영하 30도 이하로 떨어져 무기와 차량이 고장 나고 부상자가 동사하는 등 참혹한 상황이 이어졌다325. 미 해병 1사단과 미 육군 제7사단 일부, 영국 해병대, 한국군 등 연합 전력은 중공군의 공격을 저지하며 장진호 남쪽으로 돌파를 시도하였다326. 특히 미 해병대는 후방 경계와 측방 방어를 유지하며 약

125km를 14일 동안 전투하며 이동하였고, 이 과정에서 중공군에게도 큰 피해를 입혔다[327].

1950년 12월 11일, 유엔군은 흥남 부두에 도착하여 해상 철수를 개시하였다. 이른바 "흥남 철수작전"을 통해 군인 약 10만 명, 차량 17,500대, 군수품 35만 톤과 함께 민간인 9만 1천여 명이 남쪽으로 이동하였다[328]. 이 철수는 미 해군의 강력한 해상 지원과 철저한 후방 방어로 성공적으로 마무리되었다.

장진호 전투는 전술적으로는 포위망을 돌파하여 부대를 보존한 승리였으나, 전략적으로는 압록강까지의 북진 계획이 무산되고 한반도 전선이 38선 이남으로 밀리는 전환점이 되었다[329]. 이 전투는 혹한 속 전투, 장거리 철수, 합동 작전, 민간인 대피 등 군사사와 인도주의 작전에서 중요한 교훈을 남겼다.

백마고지·펀치볼 주요 고지전

 1951년 이후 6·25 전쟁은 전선이 38선 부근에서 고착되면서 '소모전(消耗戰)'의 양상을 보였다330. 이 시기의 대표적인 격전이 백마고지 전투와 펀치볼 전투였다. 두 전투 모두 전략적 요충지를 차지하기 위한 치열한 고지전으로, 전황과 휴전 협상에 적지 않은 영향을 미쳤다.

 백마고지 전투(Battle of White Horse Hill)는 1952년 10월 6일부터 15일까지 강원도 철원군에서 벌어졌다331. 이 고지는 철원평야의 북서쪽에 위치하여, 확보 시 인근 철원·평강 방면의 관측과 포격 통제가 가능했다332. 국군 제9사단(백마부대)과 중공군 제38군 사이에서 전투 기간 중 24차례나 고지의 주인이 바뀌었다333. 국군은 치열한 방어와 반격을 거듭한 끝에 고지를 사수하였고, 이 승리는 국군 사기 진작과 함께 휴전 협상에서 심리적 우위를 확보하게 했다334.

 펀치볼 전투(Battle of the Punchbowl)는 1951년 8월~9월 강원도 양구군 해안면의 화채 그릇 모양의 분지 일대에서 벌어졌다335.

이 지역은 동부 전선에서 북한군과 중공군의 주요 방어선 일부였으며, 점령 시 동해안 방면의 접근로를 장악할 수 있었다336. 미 해병 1사단과 국군 1사단, 8사단 등이 투입되어 고지를 하나씩 점령했고, 특히 단장의 능선 전투와 고지 924·1026 고지를 포함한 전투가 연계되어 전개되었다337. 펀치볼 지역 점령은 유엔군의 동부 전선 방어선을 유리하게 조정하는 결과를 가져왔다338.

  백마고지와 펀치볼 전투는 모두 휴전 직전까지 이어진 고지전의 전형을 보여 준다. 전술적으로는 제한된 지역에서의 포병·보병 결합 작전과 진지 공방의 중요성을, 전략적으로는 전투 성과가 휴전 협상에서의 발언권과 직결된다는 점을 입증한 사례였다339.

휴전 협상과 한미상호방위조약

1951년 7월 10일, 6·25 전쟁의 참전국들은 개성에서 첫 휴전 회담을 개최하였다. 그러나 회담은 곧 군사분계선 설정과 포로 송환 문제를 둘러싸고 교착 상태에 빠졌다. 유엔군은 포로의 자유의사에 따른 송환을, 공산군은 전원 북한 송환을 주장하며 양측의 입장은 평행선을 달렸다[340]. 같은 해 10월, 회담 장소는 판문점으로 변경되었으나 상황은 크게 달라지지 않았다[341].

정치적으로 가장 큰 변수는 이승만 대통령의 강경한 북진통일론과 휴전 반대 입장이었다. 그는 휴전은 한반도의 분단을 고착화시킨다고 판단하여 휴전에 반대하였고, 미국과 유엔의 거듭된 설득에도 불구하고 강경책을 고수했다[342].

이승만은 한국의 항구적인 안전 보장을 위해 미국에 한미상호방위조약 체결을 강력히 요구하였다. 이에 대해 미국은 처음에는 북한이 재침공하면 한국전쟁 참전 16개국이 공동 대응을 하겠다는 선언을 제안했으나, 이승만은 구두 보장에 불과하다며 이를 거부하고 문서로 된 조약을 요구했다[343].

1953년 6월에는 미국 측과 사전 협의 없이 반공포로 27,000여 명을 전격 석방하여 국제사회를 놀라게 했다[344].

결국 미국은 휴전협정 체결 후 조약을 맺는 방안을 제안했고, 1953년 7월 27일 판문점에서 휴전협정이 체결된 뒤, 같은 해 10월 1일 워싱턴에서 한미상호방위조약이 조인되었다[345].

이 조약은 어느 한쪽이 무력 공격을 받을 경우 공동 대응한다는 내용을 담았으며, 1954년 11월 발효되었다[346].

한미상호방위조약은 전후 한국 안보 정책의 근간이 되었고, 미국의 주한미군 주둔과 방위 공약을 제도적으로 보장했다. 이를 바탕으로 한국은 전후 재건과 군 현대화를 추진했고, 냉전기의 미국 억제 전략 속에서 동아시아 안보 질서의 한 축을 담당하게 되었다[347]. 그러나 동시에 이 조약은 한국이 단독으로 대북 군사 행동을 취하기 어렵게 만들었고, 한미 간 전략적 조율이 필수적인 외교·군사 환경을 고착화시켰다[348].

에필로그

　1950년 6월 25일 새벽, 북한군이 전면 남침을 개시하자 미국의 요청으로 유엔 안전보장이사회(UNSC)가 긴급 소집 되었다349. 당시 상임이사국 소련은 중국 대표권 문제로 회의에 불참하고 있었으며, 미국, 영국, 프랑스, 중화민국(대만)은 북한의 남침을 "국제 평화를 위협하는 침략 행위"로 규정하고, 유엔 회원국들에게 대한민국 지원을 권고하는 결의안을 채택했다350.
　미국은 즉시 일본에 주둔한 지상·해·공군 부대의 한국 파병을 결정하고, 더글러스 맥아더 장군을 유엔군 총사령관에 임명하였다351. 이와 함께 16개국이 전투 부대를, 5개국이 의료 및 후방 지원 부대를 제공하기로 하였다352. 미국과 유엔의 신속한 대응은 패전 직전의 대한민국을 기사회생시키는 전환점이 되었다.
　1950년 7월 말, 국군과 유엔군은 낙동강 전선에서 북한군의 파상공세를 간신히 저지하고 있었다353. 맥아더 장군은 전세를 역전시키기 위해 북한군의 병참선을 차단하고, 주력을 포위하는 인천 상륙작전을 구상하였다354. 1950년 9월 15일, 항공모함 2척과 순양함·구축함을 포함한 약 230척의 함정에 승함한 미 제1해병사단, 미 제7보병사단, 국군 제1해병연대 등 7만여 명이 인천에 상륙했다355.

유엔군은 상륙 직후 한강 북쪽으로 진격하여 9월 27일 서울을 수복한 뒤, 38선을 넘어 북진을 개시하였다356. 10월 19일에는 평양을 점령하고 압록강 인근까지 진격하였다357. 김일성은 패전을 직감하고 만주로 망명을 시도했으나, 중공군의 참전 결정과 소련의 전략 변화로 계획이 무산되었다358.

모택동은 북한의 붕괴를 막고 자국 안보를 지키기 위해 약 30만 명 규모의 중국인민지원군을 한반도에 투입했다359. 1951년 1월 4일, 서울은 다시 북한·중국군의 수중에 들어갔다. 이후 전선은 38선 부근에서 교착되어 장기적인 소모전(消耗戰)으로 전환되었다360.

1951년 7월 10일, 참전국들은 개성에서 첫 휴전 회담을 열었으나 군사분계선 설정과 포로 송환 문제를 둘러싸고 협상은 난항을 겪었다361. 유엔군은 포로의 자유의사에 따른 송환을, 공산군은 전원 송환을 고수했다362.

이승만 대통령은 휴전이 분단을 고착화할 것이라 우려하며 휴전에 반대하였고, 미국과 유엔의 거듭된 설득에도 불구하고 강경책을 고수하였다.

이승만 대통령은 한국의 항구적 안전 보장을 위해 미국에 한미상호방위조약 체결을 강력히 요구하였다363. 미국은 "북한이 재침공하면 한국전쟁 참전 16개국이 공동 대응한다"는 선언을 제안했으나, 이승만은 이를 거부하고 서면 조약을 고집했다364. 결국 미국은 휴전 협정 체결 이후 조약을 맺기로 합의하였고, 1953년 7월

27일 판문점에서 휴전 협정이 체결된 뒤, 같은 해 10월 1일 워싱턴에서 한미상호방위조약이 조인되었다[365].

이 조약은 전후 대한민국의 안보와 경제 발전을 뒷받침하는 버팀목이 되었으나, 동시에 한국이 독자적으로 대북 군사 행동을 취하기 어렵게 만들었고, 한미 간 전략 조율이 필수적인 외교·군사 구조를 고착화시켰다[366].

5장

양민 학살의 실상

미군 및 국군에 의한 민간인 학살 사례

　6·25 전쟁 발발 직후 전선이 급속히 남하하고 치열한 전투가 이어지는 과정에서, 미군과 국군에 의한 민간인 피해 사건이 발생하였다. 대표적인 사례로는 노근리 사건이 있다. 1950년 7월 25~29일 충청북도 영동군 노근리 인근에서 피난민 수백 명이 미군 제7기병연대 소속 병력의 사격으로 사망하거나 부상당했다367. 당시 미군은 적군의 변장 침투 가능성을 우려해 피난민 집단을 통제·사격한 것으로 알려졌으며, 미국 정부는 2001년 공식 조사 보고서를 통해 해당 사건이 의도적 학살이라기보다는 전시 혼란 속의 비극이었다고 발표했다368. 그러나 피해자 유족과 일부 연구자들은 사건의 성격에 대해 여전히 논쟁을 이어 가고 있다369.

노근리 민간인 피해 관련 논쟁

구분	미국 정부 공식 입장	피해자 유족 및 일부 연구자 주장
사건 성격	- 전쟁 초기, 피난민 속에 북한군이 변장·침투할 가능성을 우려한 미군이 군사적 위협 판단하에 사격이 발생했다고 설명. - 의도적·계획적 학살은 아니었으며, 전시 혼란과 통신 오류, 지휘 통제 미비가 복합적으로 작용한 비극으로 규정.	- 유족과 일부 연구자들은 미군이 사전에 '피난민을 사격하라'는 구두 명령을 내렸다고 증언. - 당시 AP 통신이 공개한 미군 참전병 인터뷰와 군 문서 일부에서 '피난민 사격' 관련 지시가 있었다는 단서가 제시됨. - 이는 미군의 계획적·의도적 민간인 공격 가능성을 뒷받침한다고 주장.
책임 범위 / 피해 규모	- 현장 지휘관이나 고위급에서 '민간인을 사살하라'는 공식 명령이 있었다는 증거는 발견되지 않았다고 발표. - 국제법상 전쟁 범죄로 규정할 근거가 부족하다고 결론.	- 미군 보고서가 밝힌 피해자 수(수십~수백 명 추정)는 실제보다 축소되었다는 의혹 제기. - 유족 측은 최소 300명 이상이 사망했다고 주장하며, 발굴된 유해와 증언을 근거로 제시.
사과와 보상 / 미국 정부의 대응 비판	- 빌 클린턴 대통령이 유감을 표명하고 기념 사업 지원, 장학금·기금 조성을 제안했으나, 공식 사과문이나 금전적 배상은 없었음. - 미국 정부는 한국 정부와의 합의로 물질적 보상 대신 상징적 조치를 선택.	- 공식 사과와 금전적 보상이 없는 점을 강하게 비판. - 전쟁 범죄로 인정하고 책임자를 규명해야 한다고 요구. - 일부 인권·역사 연구자들은 미국 정부 보고서가 군 내부 자료와 증언을 의도적으로 누락했다고 분석.

또 다른 사례로는 거창 양민 학살 사건이 있다. 1951년 2월 경상남도 거창군 신원면에서 국군 제11사단 소속 부대가 '빨치산 협력자 색출' 명목으로 여성, 노인, 어린이를 포함한 민간인 700여 명을 집단 살해했다[370]. 이 사건은 국회 진상조사단의 보고서에서 '민간인 집단 학살'로 규정되었고, 당시 국방장관과 육군참모총장이 사임하는 정치적 파장을 불러왔다[371].

11사단 주장과 국회 진상보사단보고서 비교표

구분	11사단 주장	국회 진상조사단 보고서(1961년)
작전 배경 / 사건 개요	- 사건 당시 부대는 지리산 일대의 빨치산 토벌 작전을 수행 중이었음. - 신원면 일대가 빨치산의 활동 거점이자 보급선으로 이용되고 있다는 첩보를 입수했다고 주장.	- 1951년 2월 9일부터 11일까지, 경남 거창군 신원면 주민 약 700명이 여성, 노인, 어린이 포함한 상태에서 집단 사살됨. - 희생자 다수는 빨치산 활동과 무관한 순수 민간인이었음.
사건 당시 상황 / 주요 조사 결과	- 민간인 중 일부가 빨치산과 협력하거나 지원했다고 판단, 이를 사전 차단하기 위한 군사 작전이었다고 함. - 여성, 노인, 어린이 사망에 대해서는 "빨치산 가족이거나 거점 세력"이라는 논리로 정당화 시도. - 민간인 대피 및 심문 절차 없이 곧바로 사살한 사실에 대해서는 '전시 상황의 불가피성'을 주장.	- 군은 사전 예비 검속이나 적법한 심문 없이 마을 주민들을 모아 놓고 사격 명령을 내림. - 희생자 중에는 10세 미만 어린이와 노약자가 다수 포함되어 있었음. - 현장 목격자 증언과 유해 조사 결과, 고의적·집단적 살해로 판단됨.
피해 규모	일부 주민 사망으로 축소 보고	약 700명 사망, 여성·어린이 다수
학살 과정	대피·심문 없이 사살	예비 검속·심문 절차 전무
공식 입장 (사건 직후 / 책임 규명)	- 사건 발생 후 군 내부 보고서에서는 "빨치산 소탕 중 사망한 일부 주민"으로 축소 보고. - 군 수뇌부는 초기에는 '작전상 불가피'라는 입장을 견지했음.	- 사건 책임자는 제11사단장 최덕신 소장 및 해당 연대·대대 지휘관들로 명시. - 국방부 장관 신성모와 육군참모총장 이종찬이 사건 책임을 지고 사임.
평가	전시 불가피한 조치	- 고의적·집단적 살해 - 지휘부 책임 명시
결론	- "작전상 불가피"라는 군 주장에 대해 민간인 집단 학살로 규정. - 전쟁 중이라는 이유로 군의 무차별 행위가 정당화될 수 없음을 명시.	

 이 외에도 1950~1953년 사이 전투 지역 및 후방 치안 작전 과정에서 미군과 국군의 피난민 오인 사격, 예비 검속, '빨치산 토벌'

작전 중의 민간인 피해 사례가 다수 보고되었다[372]. 전시 상황에서 적·아를 식별하기 어려운 조건과 게릴라전 양상 그리고 군의 정보 부족이 복합적으로 작용하여 이러한 비극이 발생했다는 분석이 있다[373].

북한군 및 중공군의 계획적 학살:
보도 연맹, 교회 학살, 납북

　한국전쟁 초기 북한군은 점령지에서 국민보도연맹원, 우익 인사, 경찰 가족, 종교인 등을 '반혁명분자'로 규정하고 조직적으로 처형하였다374.

　국민보도연맹은 1949년 좌익 전향자 및 사상전향자를 관리·교육하기 위해 정부가 만든 조직이었으나, 전쟁 발발 후 북한군은 이를 '친미·반공 세력 명단'으로 활용하였다. 점령지에서는 보도연맹원과 가족들이 예비 검속 없이 처형되었으며, 그 규모는 수만 명에 달한 것으로 추정된다375.

　특히 북한군은 기독교를 '제국주의 잔재'로 규정하고 교회를 파괴하거나 종교인을 학살했다. 1950년 10월 평안남도 순천의 '신천 학살' 사건은 대표적 사례로, 북한군과 민간인 동조 세력이 교회에 피신한 주민과 신자 수백 명을 집단 살해했다는 증언이 남아 있다376. 다만, 신천 사건의 구체적 전개와 가해 주체에 대해서는 북한과 남한의 기록이 크게 상이해 역사학계에서 논쟁이 이어지고 있다377.

신천 교회 학살 관련 증언 정리

사건 배경	- 1950년 10월~12월, 북한군과 좌익세력 그리고 이후 중공군 점령하에 들어갔을 때 발생. - 이 시기 신천군 일대에서는 우익 인사·기독교인·반공 성향 주민에 대한 체계적인 색출과 처형이 진행됨.
학살 전개	- 북한군 및 지역 동조 세력이 반공 성향이 강한 기독교인을 '미제 앞잡이' 또는 '반혁명분자'로 규정. - 주민 일부와 교회 신자들이 안전을 위해 교회 건물 안에 피신함. 피신자 가운데에는 여성·아동·노인 등도 포함. - 교회 건물은 출입구를 봉쇄한 뒤 외부에서 총격 및 방화가 가해졌다는 증언 존재. - 사건 후 수습 과정에서, 수백 구의 시신이 교회 건물 내부에서 발견되었다는 목격담이 기록됨.
증언의 구체성	- 당시 생존자와 목격자의 구술 증언을 다수 인용. - "교회 안으로 몰아넣고 문을 걸어 잠근 뒤 사격과 불을 질렀다"는 내용의 증언 반복. - 일부 증언은 학살 직전, "미제 앞잡이 기독교인을 처단하라"는 구호가 있었다고 진술.
가해 주체	- 북한군과 지방 좌익 민병(청년단, 인민위원회 동원 세력)이 실행 주체였다고 지목(증언의 공통점).
학살 규모	- '수십 명'에서 '수백 명'까지 다양하나, 다수 증언이 수백 명 규모로 일치한다고 평가.
사료적 성격	- 대부분 구술과 전후 수집 기록에 의존하므로, 통계와 전개 세부 사항은 사료 검증의 한계를 가짐. - 그러나 다수 독립 증언이 교차하는 점에서 '교회에 피신한 기독교인을 집단 살해' 사건이 실제로 있었을 가능성은 매우 높음.

    북한군과 함께 참전한 중국인민지원군 역시 점령지에서 우익 정치인, 지주, 종교 지도자, 반공 활동가들을 체계적으로 색출·처형했다는 증언이 다수 존재한다[378]. 이들은 또한 민간인에 대한 강제 노동 동원과 식량·물자 수탈을 자행했다.

    납북 역시 북한군의 계획적 활동이었다. 1950년 6월, 10만 명에 달하며[379], 이 가운데 상당수는 정치인, 관료, 언론인, 교육자, 종교인 등 사회 지도층이었다. 납북된 이들은 전후 북한 사회주의 건설에 강제 동원되거나 정치범수용소로 보내졌다[380]. 이러한 행위는 민간인 보호를 규정한 제네바 협약에 정면으로 위배되는 전쟁 범죄였다[381].

전시 혼란, 오폭과 계획적 학살

한국전쟁 당시 발생한 민간인 피해 사건 중 일부는 계획적 학살과는 구분되는 전시 군사 작전 중 발생한 혼란 또는 오폭(friendly fire)으로 인한 비극이었다.

국군과 미군에 의한 민간인 학살 사고는 군사작전 중 우발적으로 발생한 사건이었으나, 북한군과 중공군에 의한 민간인 학살 사건은 군사 작전 중 발생한 사건이 아닌 계획된 학살이었다.

예컨대, 전선이 급격히 이동하고 피난민과 군 병력이 혼재한 상황에서 군은 적 변장 침투 가능성을 우려하여 피난 행렬에 대한 무력 사용을 결정하는 경우가 있었다382. 대표적인 사례가 노근리 사건으로, 미군은 적군 침투를 막기 위해 사격을 가했으나, 결과적으로 수백 명의 민간인이 희생되었다. 미군 공식 보고서는 이를 계획적 학살이 아닌 전시 혼란 속의 비극으로 규정했으나, 피해자와 일부 연구자는 사전 사격 명령이 있었다고 주장한다383.

국군의 경우에도 빨치산 토벌 작전이나 후방 치안 작전 중 민간인을 오인 사살한 사례가 있었다. 특히 산악 지대에서 빨치산과 민간인의 구분이 어려운 상황, 정보 부족 그리고 적대적인 심리전 환경이 이러한 오폭을 야기하였다384.

국군 및 미군에 의한 학살 주요 원인

- 전시 혼란과 정보 부족

전선이 급속히 변동하고 피난민과 군 이동이 뒤섞이면서 민간인과 적군을 즉시 식별하기 어려운 상황이 발생하였고, 당시 군 정보 체계가 미비하여 피난 행렬 속에 적군이 섞여 있다는 의심이 과도하게 확산되었다.

- 적 변장 침투 우려

북한군과 게릴라 부대가 민간인 복장을 하고 후방으로 침투하거나, 피난민 행렬을 이용해 병참로와 군 시설을 공격한 사례가 있었으며, 이로 인해 미군과 국군은 피난민 집단에 대한 통제나 강제 검문, 때로는 무력 사용을 선택했다.

- 게릴라 토벌 작전의 무차별성

'빨치산 토벌'이나 후방 치안 작전에서 적군과 민간인의 구분이 명확히 이뤄지지 않은 채 작전이 수행되었고, 특히 산악·농촌 지역에서는 마을 전체를 적군 지원 세력으로 간주하는 경우가 많았다.

- 지휘·통제 실패

일부 현장 지휘관의 판단 착오나 부대의 과잉 대응이 피해를 확대시켰고, 특히 사격 명령이 구체적 식별 절차 없이 내려진 경우가 있었다.

북한군 및 중공군에 의한 학살 주요 원인

- 반혁명·반공 세력 제거

전쟁을 '계급 투쟁'과 '체제 혁명'의 기회로 인식하여 점령지에서 우익 정치인·경찰·군인·지주·종교인 등을 계획적으로 처형하였으며, 이는 전시 보안 차원을 넘어선 정치적 숙청 성격이 강했다.

- 체제 강화를 위한 공포 정책

점령 지역 주민에게 공포심을 조성하여 저항을 억누르고, 북한 정권에 대한 충성을 강요하였고, 대규모 공개 처형과 집단 학살이 이를 위한 수단으로 사용되었다.

- 종교 및 사상 탄압

기독교 등 종교를 '제국주의 영향'으로 규정하고, 교회 지도자와 신자를 표적으로 삼았으며, 대표적으로 신천 사건 등에서 종교인을 포함한 주민 학살이 보고되었다.

- 강제 납북 및 인적 자원 확보

사회 지도층과 기술자를 북한 본토로 이송하여 체제 건설에 활용하려는 목적이 있었으며, 납북은 단순한 전시 포로가 아니라 장기적 정치·경제 전략의 일환이었다.

6·25 전쟁 중 민간인 학살 비교

가해 주체	대표 사건	피해 규모	행위 유형	주요 원인
미군 및 국군	노근리 사건 등	수십~ 수백 명	- 군사 작전 중 발생한 누발적 사건 - 피난민 오인 사살	- 전시 혼란 - 적 변장 침투 우려 - 게릴라 토벌 작전의 무차별성 - 지휘·통제 실패
북한군 및 중공군	보도연맹 학살 등	수만 명	- 비군사작전, 계획된 사전 - 정치·종교인 학살	- 반혁명, 반공 세력 제거 - 체제 강화를 위한 공포 정책 - 종교 및 사상 탄압 - 강제 납북 및 인적 자원 확보

피해 규모와 국제사회 반응

 한국전쟁기의 민간인 피해 규모에 대해서는 정확한 통계가 존재하지 않는다. 진실·화해를 위한 과거사정리위원회 조사에 따르면, 남북한과 외국군에 의한 민간인 희생자는 수십만 명에 이르며385, 이 중에는 계획적 학살, 전투 중 부수적 피해, 오폭 등이 모두 포함된다.
 북한군과 중공군의 점령지 학살과 대규모 납북, 국군·미군의 작전 중 발생한 민간인 희생은 모두 국제인도법(1949년 제네바 제4협약) 위반 소지가 있다는 지적이 제기되었다386.
 그러나 냉전기 국제정치 구도 속에서 한국전쟁 당시 민간인 피해 사건은 대부분 국제전범재판소 등 공식 법적 심판에 회부되지 못했다.
 국제사회 반응은 사건의 성격과 가해 주체에 따라 상이했다. 노근리 사건은 1990년대 후반 AP 보도를 계기로 미국 사회와 국제인권단체의 주목을 받았고, 미군 공식 조사와 유감 표명으로 이어졌다387. 반면, 북한군·중공군에 의한 학살과 납북 문제는 냉전

기의 정보 접근 제한과 정치적 이유로 국제 여론화가 제한적이었다[388].

오늘날 한국전쟁기의 민간인 피해 문제는 국내 과거사 규명 사업, 국제인권기구 보고, 학술 연구 등을 통해 재조명되고 있으며, 피해자 명예 회복과 역사적 진실 규명이 동시에 추진되고 있다.

에필로그

6·25 전쟁 동안 전선의 급격한 변동과 전시 혼란 속에서 군에 의한 양민 학살 사건이 발생하였다. 대표적으로 미군과 국군이 개입한 사건으로는 노근리 사건과 거창 사건이 꼽힌다.

노근리 사건(1950. 7. 25~29.)은 충청북도 영동군 노근리 인근 철교 부근에서 발생하였다. 피난민 수백 명이 미 제7기병연대 소속 병력의 사격으로 사망하거나 부상당하였다. 이후 미국 정부는 2001년 공식 조사 보고서를 통해 "의도적 학살이라기보다는 전시 혼란 속에서 발생한 비극적 사건"이라고 결론을 내렸으나, 피해자 유족과 일부 연구자들은 여전히 이 해석에 이견을 제기하고 있다[389].

거창 사건(1951. 2.)은 경상남도 거창군 신원면에서 국군 제11사단 소속 부대가 '빨치산 협력자 색출' 명목으로 여성·노인·어린이를 포함한 민간인 약 700명을 집단 살해한 사건이다. 군은 당시 지리산 일대에서 빨치산 토벌 작전을 수행하던 중 신원면 주민 일부가 게릴라와 협력한다는 첩보를 근거로 작전을 감행했다고 발표하였다. 그러나 국회 진상조사단은 이를 '민간인 집단 학살'로 규정하였고, 그 결과 당시 국방장관과 육군참모총장이 사임하는 사태로 이어졌다390.

반면, 북한군과 중공군에 의한 학살은 성격이 달랐다. 북한군은 점령지에서 국민보도연맹원, 우익 인사, 경찰 가족, 종교인 등을 '반혁명분자'로 규정하고, 수만 명을 조직적으로 처형하였다391.

1950년 10월에는 평안남도 순천에서 교회에 피신해 있던 수백 명의 주민과 신자들을 집단 학살한 사건도 있었다392. 또한 중국 인민지원군 역시 점령지에서 우익 정치인, 지주, 종교 지도자, 반공 활동가들을 색출·처형했다는 증언이 다수 존재한다393.

북한은 더 나아가 전쟁 초기부터 정치인, 관료, 언론인, 교육자, 종교인 등 사회 지도층 약 10만 명을 강제로 납북하였다. 이들은 북한의 사회주의 체제 건설에 동원되거나 정치범수용소로 보내졌다. 이는 제네바 협약이 규정한 민간인 보호 원칙을 정면으로 위배한 전쟁 범죄였다394.

종합하면, 미군과 국군에 의한 민간인 피해는 전시 혼란 속에서 발생한 비극적 사건이거나 군사 작전 중 오인 사격(friendly fire) 성격이 강했다.

반면 북한군과 중공군의 학살 및 납북은 정치적·체제적 목적에 따라 계획적으로 이루어진 조직적 범죄 행위였다. 이러한 점에서 그 성격과 의도는 본질적으로 달랐다.

6장

6·25 전쟁의 기원과
역사 해석의 논쟁

브루스 커밍스의 주장:
『한국전쟁의 기원』

　브루스 커밍스(Bruce Cumings)는 『한국전쟁의 기원(The Origins of the Korean War)』에서 한국전쟁을 북한의 남침으로 보지 않았다. 그는 전쟁 발발의 원인을 1945년 해방 이후 한반도 내부의 정치·사회적 갈등, 특히 남북한 간의 무력 충돌과 미·소 냉전 구도의 상호 작용에서 찾았다395.

　커밍스는 1949년부터 1950년 6월까지 한반도 전역에서 발생한 국지전과 교전이 본격적인 전면전의 '내전적 성격'을 강하게 시사한다고 주장했다396.

　그는 특히 이승만 정부의 북진통일론과 국군의 북진 준비를 언급하며, 미국 역시 이를 묵인하거나 조장했다고 해석했다397. 커밍스의 이러한 시각은 당시 미국 주류 학계의 '북한 기습 남침설'과 대립했으며, 전쟁 발발 책임을 남북한 모두에 분담시키는 해석으로 이어졌다398.

　그러나 커밍스의 주장은 여러 역사학자들로부터 비판을 받았다. 첫째, 그는 1950년 6월 25일 전면전 개시 이전의 무력 충돌을

과도하게 확대 해석하여 북한의 기습 남침이라는 국제적 합의와 유엔 조사 결과를 희석시켰다는 지적이 있다399.

둘째, 소련과 북한 내부 문서가 공개된 이후, 김일성이 스탈린의 승인과 모택동의 동의를 받아 전면 남침을 계획했다는 결정적 증거들이 발견되었는데, 이는 커밍스의 '내전 기원설'을 약화시키는 결과를 낳았다400.

셋째, 그의 서술은 냉전 시기 미국의 대한국 정책 비판에 초점이 맞춰져 있어 북한 정권의 공격 의도를 체계적으로 분석하는 데는 한계가 있다는 평가가 많다401.

따라서 『한국전쟁의 기원』은 한국전쟁 연구사에서 중요한 문제 제기를 한 저작임은 분명하지만, 전쟁 발발의 주도권과 책임을 규명하는 데 있어 북한의 침략성을 축소하거나 희석시킬 위험을 내포하고 있다는 점에서 비판적으로 읽어야 한다402.

브루스 커밍스의 6·25 전쟁 이전
남북 무력 충돌 주장 오인

북한의 계획된 무력 충돌 도발

1945년 해방 이후부터 1950년 6월 전쟁 발발 직전까지 한반도 전역에서는 38선을 중심으로 지속적인 무력 충돌이 발생하였다. 이들 사건은 단발적·우발적 충돌이 아니라, 북한 정권의 지령과 계획에 따라 체계적으로 진행된 전면 남침 준비 과정이었다. 소련의 군사고문단과 남로당 지하조직은 각 지역에서 무장봉기와 게릴라전을 유도하였으며, 이는 국군의 전력 소모, 후방 치안 불안, 민심 이탈이라는 전략적 목적을 동시에 달성하는 도구로 사용되었다[403].

북한의 전략 구도

- 소련의 지원과 전략 지도

1948년 9월 조선민주주의인민공화국 수립 직후, 김일성은 스탈린으로부터 '단기·결정적 승리' 전략을 전수받았다. 스탈린은 남침을 위해 ① 군사력 확충, ② 전방 교란, ③ 정치·심리전을 병행할 것을 지시하였다[404]. 북한군은 소련제 장비로 무장하고 정규전·유격전을 병행하는 복합전 수행 능력을 갖추었다.

- 남로당과의 연계

남로당은 북한의 지령을 받아 전국적인 지하 조직망을 유지하며 제주 4·3 사건, 여수·순천 사건 등 무장봉기와 파괴 공작을 주도하였다. 이는 후방의 치안 붕괴를 유도해 국군 전력을 분산시키는 효과를 노렸다[405].

주요 무력 충돌 사례와 계획성

- 제주 4·3 사건(1948. 4.~1954.)

남로당 제주도당이 북한 지령에 따라 봉기하였으며, 북한은 무기와 공작원을 지원하였다. 이 사건으로 국군과 경찰은 대규모 병력을 장기간 제주에 묶어 두게 되었고, 이는 전방 방어력 약화로 직결되었다[406].

- 여수·순천 10·19 사건(1948. 10.)

국군 제14연대 일부 병사가 북한·남로당의 선동에 호응해 봉기하여 인근 지역을 장악하였다. 북한은 무선망을 통해 반란 지속을 독려했고, 이후에도 잔여 세력을 전방과 후방에 침투시켰다[407].

- 38선 무력 충돌(1949~1950)

강원도 철원·김화·평강, 옹진반도, 연백 등지에서 대대~연대급 규모의 북한군이 38선을 넘어 국군 초소와 마을을 기습했다. 이는 국군 방어선의 약점을 파악하고 병력을 소모시키기 위한 전술적 정찰 겸 소모전이었다408.

북한의 의도와 전쟁 준비

- 전방 교란과 후방 불안 조성

북한은 전방에서 국지전을, 후방에서는 무장 공비 활동과 민간인 학살·납치를 병행했다. 1950년 6월 이전까지 약 10만 명이 납북되었으며, 이 중에는 행정·군사·종교 지도자들이 다수 포함되어 있었다409.

- 국군 전력 약화

지속적인 충돌로 인해 국군은 소모전에서 인명·장비 손실을 입었으며, 전쟁 발발 시 충분한 예비 전력을 유지하기 어려운 상황이었다.

결론: 계획된 전쟁의 서막, 브루스 커밍스의 오인

해방 이후 6·25 전쟁 직전까지 이어진 무력 충돌은 북한의 단계적·체계적 전쟁 준비의 일부였다. 이는 전면전 개시 전에 전방 방어선을 약화시키고, 후방을 혼란에 빠뜨리며, 국제사회에는 '내전'으로 보이도록 위장하려는 전략이었다. 이러한 패턴은 소련의 전략 지침과 북한·남로당의 일사불란한 공작 활동을 통해 일관되게 나타났다410.

1945년 해방 이후부터 1950년 6월 전쟁 발발 직전까지 한반도 전역에서는 38선을 중심으로 지속적인 무력 충돌이 있었다. 이는 전쟁 준비를 위한 김일성의 계획된 도발이었으나, 브루스 커밍스는 남한의 의도적이고 계획된 무력 충돌이 존재한 것으로 오인하였다.

'북진통일론'과 '미국의 묵인' 관련 브루스 커밍스의 오인

브루스 커밍스(Bruce Cumings)는 그의 저서 『한국전쟁의 기원(The Origins of the Korean War)』에서 이승만 정부가 북진통일론을 주장하며 전쟁 준비를 진행했고, 이를 미국이 묵인하거나 조장했다고 해석하였다411.

그러나 이는 당시 한미 관계와 미국의 대한(對韓) 군사 정책을 면밀히 검토하지 않은 결과라는 비판이 제기된다.

첫째, 미국은 1949년 주한미군 철수 이후 한반도 방위선을 '애치슨 라인'에서 제외하며, 한국에 대한 군사 개입 의지가 제한적이었음을 드러냈다412. 이승만의 북진 구상은 미국의 대아시아 방위 전략과 충돌하였으며, 미국은 남한의 선제공격 가능성을 오히려 경계하였다413.

둘째, 1949~1950년 기간 동안 미국은 한국에 중화기와 대규모 전력을 제공하지 않았으며, 한국군은 대전차 무기·전차·전폭기와 같은 전략 장비가 전무했다414. 이는 미국이 남한의 군사적 역량을 북한 침공 억지 수준에 국한하려 한 명백한 증거이다.

셋째, 미국 국무부와 극동군사령부 문서에 따르면, 미국은 이승만의 북진 발언을 외교적으로 제지하며, 한반도에서의 무력 충돌 확대를 방지하려 했다[415]. 즉, 커밍스의 '미국 묵인·조장론'은 당시 미국의 대외 정책, 군사원조 현황, 외교 문서 내용과 상충한다.

결과적으로, 미국은 이승만 정부의 북진통일론을 전략적으로 지지한 것이 아니라 오히려 억제하는 방향으로 움직였으며, 이는 커밍스의 해석이 당시 국제 정치와 한미 군사 관계의 실상을 충분히 반영하지 못했음을 보여 준다[416].

브루스 커밍스의 '북진통일론'과 '미국의 묵인' 주장에 대한 학계의 반론

미국의 전쟁 억제 기조와 정책적 한계

미국은 1949~1950년 한반도 전면전 가능성을 오히려 경계했다. 1950년 12월 채택된 NSC-48/2417 이전의 전략 문건들은 한반도에서의 군사 확대를 억제하고, 방위선을 일본-오키나와-필리핀으로 설정하였다418. 당시 미국 국무부와 국방부는 한국을 방위선 외곽에 두었고, 이승만의 북진통일론은 한미 간 긴장 요소로 작용했다419. 실제로 주한 미군은 1949년 6월 철수했고, 미군 고문단(KMAG)만 잔류했으며, 제공 무기는 경찰력 수준의 소화기와 훈련 지원에 한정되었다420.

군사력 지원 제한과 '북진' 억제 조치

미국은 한국군에 전차, 중포, 폭격기 등 공세적 무기를 지원하지 않았으며, 105mm 곡사포와 경항공기 정도가 최대치였다421. 이승만의 북진 발언이 공개될 때마다 주한 미대사관과 국무부는 외교 채널을 통해 경고 및 자제 요청을 전달했다422. 1950년 1월 애치슨 라인(Dean Acheson Line) 연설은 미국의 직접 방어 의지 부족을 상징적으로 보여 주었으며, 이는 커밍스의 '묵인·조장' 주장과 배치된다[423].

학계 주요 반론

윌리엄 스투크(William Stueck)는 미국의 정책은 방어적이며, 북진을 유도한 정황은 없다고 분석했다[424]. 캐슬린 와더스비(Kathryn Weathersby)는 소련 문서 공개 이후 전쟁 발발의 주도권은 북한과 스탈린에 있었으며, 미국은 오히려 전쟁 억제를 위해 군사력을 제한했다고 지적했다[425]. 알란 밀렛(Allan R. Millett)은 미군 장비와 군사고문단의 성격상 한국군은 대규모 공세 수행 능력이 없었으며, 이는 의도적인 제한이었다고 평가했다[426]. 브루스 베넷(Bruce Bennett)은 당시 미국의 동아시아 전략의 핵심이 대규모 전면전 방지였고, 이승만 정부의 북진 계획은 정책적으로 차단됐다고 주장했다[427].

결론적 평가

커밍스가 제시한 '북진 통일 묵인·조장' 논거는 당시 미국의 정책 문서 및 군사 지원 실태와 상충하며, 공개된 미국 외교 문서와 군사 기록에 따르면 미국은 한국군의 공격 능력 강화를 의도적으로 억제하였다[428].

종북 및 좌파 담론의 왜곡 사례:
교과서, 언론, 정당

교과서 왜곡

일부 역사 교과서에서는 6·25 전쟁 발발 원인을 '남북 간 무력 충돌' 또는 '내전적 성격'으로 서술하며, 북한의 명백한 선제 침공 사실을 희석하는 서술이 발견된다[429]. 특히 2000년대 초 개정된 일부 고등학교 근현대사 교과서에서는 전쟁 책임에 관한 서술 비중이 줄어들었으며, 북한의 침략 의도를 명시적으로 밝히지 않는 경우가 많았다[430].

언론 보도의 편향성

일부 진보로 참칭하는 좌파 성향 언론은 전쟁 발발의 배경을 '미국의 한반도 분단 책임' 또는 '남북 간 긴장 고조'로 돌리는 프레임을 사용했다[431]. 전쟁기념관·국방부가 공개한 1차 자료와는 배치되는 해설을 기사화하여, 독자에게 전쟁 책임의 본질을 흐리는 인식을 제공했다[432].

정당과 정치 세력의 발언

　일부 좌파 정당과 정치인은 북한의 선제 침공을 명확히 인정하지 않거나, '북침설'과 유사한 논리를 사용하여 북한의 책임을 약화시키는 주장을 펼쳤다[433]. 이러한 발언은 종북 담론을 자극하며, 국내 정치와 외교 정책 결정 과정에도 영향을 미쳤다[434].

프랑스 지성계의 평가와
국제 학술 담론

프랑스 지성계의 시각

브루스 커밍스의 논지와 유사하게, 장 폴 사르트르(Jean-Paul Sartre)를 위시한 프랑스 일부 학자는 6·25 전쟁을 '냉전의 부산물'로 보며, 미국의 한반도 개입 책임을 강조했다435. 그러나 프랑스 내 주류 학계는 소련 비밀 문서 공개 이후 북한과 스탈린의 전쟁 기획 책임을 인정하는 입장으로 이동했다436.

국제 학술 담론의 변화

1990년대 이후 공개된 러시아·중국 외교 문서와 북한군 작전 계획 문건은 국제 학계에 결정적인 전환점을 가져왔다437. 이에 따라 미국, 영국, 일본뿐만 아니라 유럽 학계 전반에서 '북한 선제 공격설'이 확립되었으며, '미국 조장설'은 비주류 논지로 밀려났다438.

프랑스 지식사회의 사르트르 '파문' 과정

장 폴 사르트르(Jean-Paul Sartre)는 좌파 정치 노선에 적극 가담하였고, 북한, 중국, 소련 등 공산권 국가에 대해 일정 부분 동조적 발언을 한 것으로 알려져 있다[439]. 이러한 정치적 입장은 냉전 종식 이후 인권 문제와 전체주의 비판이 강화된 프랑스 지성계에서 재평가의 대상이 되었다.

특히, 1980년대 중반 이후 프랑스 내 '신철학자들(Nouveaux Philosophes)'이라 불린 앙드레 글룩스만(André Glucksmann), 베르나르 앙리 레비(Bernard-Henri Lévy) 등이 마르크스주의와 전체주의를 강력히 비판하면서, 사르트르를 '전체주의에 눈감은 지식인'으로 규정하는 담론이 확산되었다[440]. 이들은 사르트르가 스탈린 체제와 모택동 시대의 중국, 심지어 북한 체제에 대해서도 비판을 회피하거나 미화했다고 비판했다.

또한, 사르트르의 문학·철학적 영향력이 줄어든 이유에는 그가 주창한 실존주의가 1980년대 이후 후기구조주의, 탈근대주의 담론 속에서 '시대에 뒤처진 철학'으로 간주되었다는 점도 있었다[441]. 이 과정에서 그의 정치적 선택과 철학적 한계가 맞물려 프랑스 지성계의 주류 담론에서 사실상 배제되었다.

북한의 책임론과 침략 근거의
결정적 문서들

소련·중국 문서의 증거력

1994년 이후 공개된 러시아 외교부 문서와 스탈린-김일성 회담록은 북한이 전쟁 발발을 계획·주도했음을 명확히 보여 준다442. 스탈린은 김일성에게 남침을 승인하되, 중국의 지원 확보를 조건으로 제시했으며, 모택동은 이를 수락했다443.

북한군 작전계획서

전쟁기념관과 국방부가 확보한 북한군 제2군단 작전계획서, 전투명령문 등은 6월 25일 새벽 대규모 전면 공격이 사전에 준비된 것임을 입증했다444. 해당 문서들은 선제 포격 목표, 돌파 축선, 기계화부대 투입 계획을 포함하고 있어, 우발적 충돌이 아닌 정규군 작전임을 확인시켜 주었다445.

국제법적 관점

이러한 문서들은 국제법상 '공격 전쟁(War of Aggression)' 규정에

부합하는 침략 행위로 평가되며, 유엔 안전보장이사회 결의 제82
호의 법적 근거가 되었다[446].

KBS 다큐멘터리 〈1950 미중전쟁〉:
내용과 문제점

다큐멘터리의 주요 내용

KBS는 2020년 7월, 6·25 전쟁 발발 70주년을 기념하여 3부작 특별기획 다큐멘터리 〈1950 미중전쟁〉을 방영하였다.

제작진은 미국과 중국의 전략적 이해관계, 중공군 개입의 배경, 미군과 중공군의 격돌 장면 등을 중심으로 스토리를 전개하면서 "오판"이라는 논리를 내세워 6·25 전쟁을 "미·중 대리전"으로 규정함으로써, 전쟁을 일으킨 원흉인 김일성에게 면죄부를 주는 왜곡된 서사를 만들어 냈다.

문제점 분석

① 역사적 왜곡

다큐멘터리가 6·25 전쟁을 "미·중 대리전"으로만 규정한 것은, 전쟁의 1차적 원인이 북한의 남침이라는 역사적 사실을 희석시키는 결과를 낳았으며, 북한의 기획·소련의 승인·중국의 지원이라는 구조가 무시되었다[447].

② 대한민국의 주체성 축소

6·25 전쟁을 미·중 갈등의 산물로 설명함으로써, 대한민국 정부와 국군의 저항·생존 의지 그리고 유엔 참전국들의 지원이라는 역사적 맥락이 축소·왜곡되었다[448].

③ 국제전 규정의 편향성

물론 6·25 전쟁이 미·중 양대 세력의 충돌이 된 것은 사실이나, 이를 곧바로 "국제전·대리전"으로 환원하는 것은 냉전사의 복합성을 무시한 단순화다. 6·25 전쟁은 남침 → 국제전(유엔군 개입) → 중·소의 개입으로 단계적으로 확장된 복합전쟁이었다는 것이 주류 학계의 정설이다[449].

결론

KBS 〈1950 미중전쟁〉은 방대한 자료와 영상미를 동원하여 제작되었으나, 6·25 전쟁을 미국과 중국의 전쟁으로 규정하여 6·25 전쟁의 원흉인 김일성에게 면죄부를 주는 왜곡된 서사를 만들어 편향적 작품이라는 비판이 일었다.

에필로그

 1981년 브루스 커밍스가 그의 저서『한국전쟁의 기원』을 통해 한국전쟁의 원인을 '소련의 팽창정책'으로 해석한 전통주의적 시각을 부정하고, 대신 '미국의 팽창정책', '남북한의 사회적 모순', '해방 이후 남북 간 무력 충돌'을 주된 요인으로 제시하였다. 이와 같은 수정주의적 시각은 학계에 큰 반향을 불러일으켰다[450].

 그러나 냉전 종식 이후 공개된 소련·중국 문서를 통해 김일성이 전쟁을 계획하고, 스탈린의 승인과 모택동의 동의를 받아 전쟁을 개시했다는 사실이 밝혀지면서 전통주의적 해석이 다시 확증되었다[451].

 미국의 팽창정책과 관련해서도 이승만의 '북진 발언'이 공개될 때마다 주한 미국 대사관과 국무부는 외교 채널을 통해 경고 및 자제 요청을 전달했으며, 애치슨 라인(Dean Acheson Line)은 브루스 커밍스가 주장하는 '미국의 팽창주의'에 반하는 근거가 된다[452].

 또한 '남북한의 사회적 모순'을 원인으로 강조한 커밍스의 논리

역시 설득력이 떨어진다. 김일성은 해방 직후인 1946년 8월 연설에서 '북한 민주기지론'을 내세우며 무력 통일 의지를 분명히 표명하였다453.

해방 이후 발생한 남북 간 무력 충돌 역시 북한의 단계적·체계적 전쟁 준비의 일환이었다. 제주 4·3 사건과 여수·순천 10·19 사건은 북한의 지령에 따라 남로당이 일으킨 것이었으며, 1949~1950년 강원도 철원·김화·평강, 옹진반도, 연백 등지에서 벌어진 38선 충돌은 대대·연대급 북한군이 국군 초소와 민가를 기습한 전쟁 준비 행동이었다454.

이러한 점을 근거로, 다수의 학자들이 커밍스의 수정주의적 해석에 대해 반론을 제기하였다. 윌리엄 스투크(William Stueck)는 미국의 정책은 어디까지나 방어적 성격을 띠었으며 북진을 유도한 정황은 없다고 분석하였다455.

캐슬린 와더스비(Kathryn Weathersby)는 소련 문서가 공개되자 전쟁 발발의 주도권은 북한과 스탈린에 있었음을 지적하면서, 미국은 오히려 전쟁 억제를 위해 한국군의 군사력을 제한했다고 설명하였다456. 알란 밀렛(Allan R. Millett) 또한 당시 한국군의 장비와 미군 고문단의 성격상 한국군은 대규모 공세 능력을 보유하지 못했으며, 이는 의도적인 제한이었다고 평가하였다457. 브루스 베넷(Bruce Bennett) 역시 당시 미국의 동아시아 전략의 핵심은 '전면전 방지'였으며, 이승만 정부의 북진 구상은 일관되게 차단되었다고 강조했다458.

프랑스 지성계는 국제적 학술 담론에서 일정한 영향력을 발휘하였다. 장 폴 사르트르(Jean-Paul Sartre)를 비롯한 일부 지식인들은 처음에는 6·25 전쟁을 '냉전의 부산물'로 규정하고 미국의 개입 책임을 부각하며 커밍스의 시각에 공감을 표했으나, 소련 기밀문서 공개 이후 북한과 스탈린의 전쟁 기획 책임을 인정하는 쪽으로 입장을 선회하였다459.

KBS는 2020년 7월, 6·25 전쟁 발발 70주년을 기념하여 방영한 3부작 특별기획 다큐멘터리 〈950 미중전쟁〉은 '오판'이라는 논리로 6·25 전쟁을 미국과 중국 간의 전쟁으로 규정하여 6·25 전쟁의 원흉 김일성에게 면죄부를 주는 편향된 방송이었다는 비판을 받았다.

7장

결론:
피로 지켜 낸 자유의 역사

6·25 전쟁은 단순한 이념 대결의 차원을 넘은 자유와 생존을 위한 필사의 투쟁이었다.

김일성이 한반도 전체를 공산화하기 위해 일으킨 이 전쟁에서 대한민국은 미군과 유엔군의 헌신과 희생과 대한민국 국민의 피에 의해 국가 존립을 지킬 수 있었다[460]. 만약 미국과 국제사회의 결단과 지원이 없었다면 대한민국은 공산 체제하에 편입되어 오늘날의 자유와 번영을 누릴 수 없었을 것이다[461].

우리는 사실에 기반한 정확한 역사를 후세에 전달해야 할 의무가 있다. 역사는 단순한 과거의 기록이 아니라, 현재와 미래의 국가 정체성과 안보의식의 토대이기 때문이다[462].

왜곡된 역사관이나 편향된 서술이 자리 잡게 되면 국민은 위기 앞에서 올바른 판단과 결단을 내릴 수 없게 된다.

국가 안보를 지키기 위해서는 강력한 군사력뿐 아니라 국민 모두의 확고한 안보의식과 역사 인식이 필수적이다. 특히 교육 현장에서는 6·25 전쟁의 진실을 가르치고, 대한민국이 어떤 대가를 치르고 자유를 지켜 냈는지 명확히 이해시키는 것이 중요하다[463].
"자유는 공짜가 아니다(Freedom isn't free),"라는 미국 관용구가 있다. 자유는 피로써 지켜 내야 하며, 우리의 의무는 그 희생을 기억하고 다음 세대에 전하는 것이다[464].

참고 문헌

국문

- 강동관. 『스탈린과 김일성』. 역사비평사, 2000.
- 강만길. 『한국현대사 1』. 서울: 창작과비평사, 2002.
- 강준만. 『한국현대사산책 1940년대편 2』. 서울: 인물과사상사, 2004.
- 강준영. 『한국전쟁과 국제정치』. 서울: 박영사, 2010.
- 김동춘. 『전쟁과 사회』. 서울: 창비, 2006.
- 김영호. 『6·25전쟁과 국제정치』. 서울: 박영사, 2000.
- 김영호. 『신천학살과 한국전쟁』. 서울: 선인, 2009.
- 김영호, 「역사교과서와 6·25전쟁 서술 변화」, 『한국현대사연구』, 제15호, 2007.
- 김영호, 「중공군 점령지 민간인 피해 연구」, 『한국전쟁연구』 제12집, 2015.
- 김일성. 『선집』제1권. 평양: 조선노동당출판사, 1946.
- 김학준. 『김일성 전기』. 서울: 을유문화사, 1992.
- 김학준. 『한국전쟁의 발발과 기원 1』. 서울: 서울대학교출판부, 1996.
- 김학준. 『한국전쟁과 국제정치』. 서울: 세종연구소, 2000.
- 김학준. 『박헌영 평전』. 서울: 시사IN북, 2015.

- 박명림.『한국전쟁의 발발과 기원 1』. 서울: 나남, 1996.
- 박명림.『한국전쟁의 발발과 기원 2』. 서울: 나남출판, 1996.
- 박태균.『박헌영과 남로당』. 서울: 역사비평사, 1996.
- 서중석.『한국현대사 1945-1990』. 서울: 역사비평사, 1999.
- 서중석.『한국현대사 60년』. 서울: 웅진지식하우스, 2007.
- 이기택.『한국전쟁사』. 서울: 국방군사연구소, 1995.
- 이민웅.『분단과 전쟁의 역사』. 서울: 선인, 2015.
- 이주영.「한국전쟁의 기원과 성격 논쟁」.『한국사학보』제35호, 2009.
- 이주영.『이승만과 대한민국 건국』. 서울: 기파랑, 2010.
- 장세윤.『미군정 연구』. 서울: 선인, 2004.
- 정병준.『이승만과 한미관계』. 서울: 역사비평사, 2001.
- 정운현.『그때 그 사람들: 노근리 사건의 진실』. 서울: 한겨레출판, 2009.
- 최영호.『한미동맹과 한국안보』. 서울: 세종연구소, 2003.
- 한겨레신문. "6·25, 냉전의 소용돌이 속에서". 2005. 6. 25.
- 한국국방연구원.『한국전쟁사』제3권. 서울: 한국국방연구원, 1997.
- 한국국방연구원.『한국전쟁사』제6권. 서울: 한국국방연구원, 1997.
- 한국전쟁기 민간인학살 진상규명위원회.『한국전쟁기 민간인 희생사건 종합보고서』. 서울: 진실·화해를 위한 과거사위원회, 2010.
- 국방부.『국방백서』. 서울: 대한민국 국방부, 각년도.
- 국방부.『6·25전쟁사』제1권. 서울: 대한민국 국방부, 1997.
- 국방부 군사편찬연구소.『한국전쟁사 제1권』. 서울: 국방부, 1996.
- 국방부 군사편찬연구소.『한국전쟁사 제3권』. 서울: 국방부, 1997.
- 국방부 군사편찬연구소.『한국전쟁사 제4권』. 서울: 국방부, 2005.
- 국방부 군사편찬연구소.『6·25전쟁사 제1권: 전쟁의 발발과 초기 전투』. 서울: 국방부, 2010.
- 박명림.『한국전쟁의 발발과 기원 2: 전쟁의 확대와 국제전』. 서울: 나남출판, 1996.
- 한홍구.『대한민국사 1』. 서울: 한겨레출판, 2003.
- 공청단 중앙문헌연구실.『항미원조전사』. 북경: 해방군출판사, 1990.

- 조선일보. "북침설 발언 논란". 2002.9.12.

영문

- Acheson, Dean. Present at the Creation (W.W. Norton, 1969).
- Acheson, Dean. "Crisis in Asia - An Examination of U.S. Policy." Department of State Bulletin, January 12, 1950.
- Alexander, Bevin. Korea: The First War We Lost. Hippocrene Books, 1986.
- Alexander, Bevin, Korea: The First War We Lost, Hippocrene Books, 1986.
- André Schmid, "Reassessing the Origins of the Korean War", Modern Asian Studies, Vol. 34, No. 1, 2000.
- Appleman, Roy E. East of Chosin: Entrapment and Breakout in Korea, 1950. Texas A&M University Press, 1987.
- Appleman, Roy E. South to the Naktong, North to the Yalu (June-November 1950). Washington D.C.: Center of Military History, U.S. Army, 1961.
- Appleman, Roy E. South to the Naktong, North to the Yalu. United States Army Center of Military History, 1961.
- Appleman, Roy E. South to the Naktong, North to the Yalu. U.S. Army Center of Military History, 1961.
- Appleman, Roy E. South to the Naktong, North to the Yalu. U.S. Army Center of Military History, 1992.
- Appleman, Roy E. South to the Naktong, North to the Yalu. Washington, D.C.: U.S. Army Center of Military History, 1961.
- Appleman, Roy E., South to the Naktong, North to the Yalu, United States Army Center of Military History, 1961.

- Appleman, Roy E., South to the Naktong, North to the Yalu, United States Army Center of Military History, 1961.
- Appleman, Roy E., South to the Naktong, North to the Yalu.
- Appleman, Roy E., South to the Naktong, North to the Yalu.
- Appleman, Roy E., South to the Naktong, North to the Yalu, United States Army Center of Military History, 1961.
- Appleman, Roy E., South to the Naktong, North to the Yalu, United States Army Center of Military History, 1961.
- Appleman, Roy E., South to the Naktong, North to the Yalu.
- Appleman, Roy E., South to the Naktong, North to the Yalu.
- Appleman, Roy E., South to the Naktong, North to the Yalu.
- Appleman, Roy E., South to the Naktong, North to the Yalu.
- Aronson, Ronald. Camus and Sartre: The Story of a Friendship and the Quarrel that Ended It. University of Chicago Press, 2004.
- Associated Press Special Report. "The Bridge at No Gun Ri." The Associated Press, September 29, 1999.
- Associated Press Special Report. "The Bridge at No Gun Ri." The Associated Press, September 29, 1999.
- Associated Press Special Report. "The Bridge at No Gun Ri." The Associated Press, September 29, 1999.
- Associated Press Special Report. "The Bridge at No Gun Ri." The Associated Press, September 29, 1999.
- Bennett, Bruce, Preparing for the Possibility of a North Korean Collapse, RAND Corporation, 2013.
- Bennett, Bruce. "A Brief Analysis of the Korean War Origins Debate," RAND Report (1995).
- Brands, H. W. The General vs. the President: MacArthur and Truman at the Brink of Nuclear War. Doubleday, 2016.
- Bruce Cumings. The Origins of the Korean War. Princeton University

Press, 1981.
- Bruce Cumings. The Origins of the Korean War. Princeton University Press, 1981.
- Bruce Cumings, The Origins of the Korean War (Princeton University Press, 1981).
- Chen Jian. China's Road to the Korean War. Columbia University Press, 1994.
- Chen, Jian. China's Road to the Korean War. New York: Columbia University Press, 1994.
- Chen, Jian. China's Road to the Korean War. New York: Columbia University Press, 1994.
- Chen, Jian. China's Road to the Korean War. New York: Columbia University Press, 1994.
- Cohen-Solal, Annie. Sartre: A Life. Pantheon Books, 1987.
- Cumings, Bruce. The Korean War: A History. Modern Library, 2010.
- Cumings, Bruce. The Korean War: A History. Modern Library, 2010.
- Cumings, Bruce. The Korean War: A History. New York: Modern Library, 2010.
- Cumings, Bruce. The Origins of the Korean War. Vol. 2, Princeton University Press, 1990.
- Cumings, Bruce. The Origins of the Korean War, Vol. 1: Liberation and the Emergence of Separate Regimes, 1945-1947. Princeton University Press, 1981.
- Cumings, Bruce. The Origins of the Korean War, Vol. 1: Liberation and the Emergence of Separate Regimes, 1945-1947. Princeton: Princeton University Press, 1981.
- Cumings, Bruce. The Origins of the Korean War, Vol. 2: The Roaring of the Cataract, 1947-1950. Princeton: Princeton University Press, 1990.

- Stueck, William. The Korean War: An International History. Princeton: Princeton University Press, 1995.
- Devillers, Philippe. La Guerre de Corée, Seuil, 1953.
- E.C. Drumright Papers. U.S. National Archives.
- Farrar-Hockley, Anthony. The British Part in the Korean War, Volume I. HMSO, 1990.
- Farrar-Hockley, Anthony. The British Part in the Korean War, Volume II. HMSO, 1995.
- Fehrenbach, T. R. This Kind of War. Brassey's, 1994.
- FRUS, 1950, Volume VII.
- Glucksmann, André. The Master Thinkers. Harper & Row, 1985.
- Goncharov, Sergei N., Lewis, John W., and Xue Litai. Uncertain Partners: Stalin, Mao, and the Korean War. Stanford University Press, 1993.
- Goncharov, Sergei, John W. Lewis, and Xue Litai. Uncertain Partners: Stalin, Mao, and the Korean War. Stanford: Stanford University Press, 1993.
- Halberstam, David. The Coldest Winter: America and the Korean War. Hyperion, 2007.
- Hammel, Eric. Korea: The Untold Story. New York: Contemporary Books, 1985.
- Hastings, Max. The Korean War. London: Pan Macmillan, 1987.
- Hastings, Max. The Korean War. London: Pan Macmillan, 1987.
- Hastings, Max. The Korean War. London: Pan Macmillan, 1987.
- Hastings, Max. The Korean War. London: Pan Macmillan, 1987.
- Hastings, Max. The Korean War. Simon & Schuster, 1987.
- Hastings, Max, The Korean War, Simon & Schuster, 1987.
- Hastings, Max, The Korean War.
- Hastings, Max, The Korean War.

- Hastings, Max, The Korean War, Simon & Schuster, 1987.
- International Committee of the Red Cross (ICRC). Geneva Convention Relative to the Protection of Civilian Persons in Time of War (Fourth Geneva Convention), 1949.
- International Committee of the Red Cross (ICRC). Geneva Convention Relative to the Protection of Civilian Persons in Time of War (Fourth Geneva Convention), 1949.
- International Committee of the Red Cross (ICRC). Geneva Convention Relative to the Protection of Civilian Persons in Time of War (Fourth Geneva Convention), 1949.
- International Committee of the Red Cross (ICRC). Geneva Convention Relative to the Protection of Civilian Persons in Time of War (Fourth Geneva Convention), 1949.
- International Committee of the Red Cross (ICRC). Geneva Convention Relative to the Protection of Civilian Persons in Time of War (Fourth Geneva Convention), 1949.
- Judt, Tony. Past Imperfect: French Intellectuals, 1944-1956. University of California Press, 1992.
- Kathryn Weathersby. Soviet Aims in Korea and the Origins of the Korean War. Cold War International History Project, 1993.
- Kathryn Weathersby, "New Findings on the Korean War," Cold War International History Project Bulletin (1993).
- Kathryn Weathersby, "New Russian Documents on the Korean War", Cold War International History Project Bulletin, No. 6-7, 1995.
- Lévy, Bernard-Henri. Barbarism with a Human Face. Harper & Row, 1979.
- Millett, Allan R. Their War for Korea. Brassey's, 2002.
- Millett, Allan R. The War for Korea, 1945-1950: A House Burning (University Press of Kansas, 2005).

- Millett, Allan R. The War for Korea, 1945-1950: A House Burning. University Press of Kansas, 2005.
- Millett, Allan R. The War for Korea, 1950-1951. Lawrence: University Press of Kansas, 2010.
- Millett, Allan R. The War for Korea, 1950-1951. University Press of Kansas, 2010.
- Millett, Allan R., The War for Korea, 1945-1950: A House Burning, University Press of Kansas, 2005.
- Millett, Allan R., The War for Korea, 1950-1951.
- Millett, Allan R., The War for Korea, 1950-1951, University Press of Kansas, 2010.
- Millett, Allan R., The War for Korea, 1950-1951, University Press of Kansas, 2010.
- Ministry of National Defense. History of the ROK Armed Forces. Seoul, 1990.
- Montross, Lynn. U.S. Marine Operations in Korea 1950-1953, Volume III: The Chosin Reservoir Campaign. U.S. Marine Corps, 1957.
- Philippe Devillers, La Guerre de Corée, Seuil, 1953.
- Rees, David. Korea: The Limited War. London: Macmillan, 1964.
- Robert T. Oliver. Syngman Rhee and American Involvement in Korea. Dodd, Mead & Company, 1954.
- Sartre, Jean-Paul, 관련 논평(프랑스 지성계 학술지, 1950년대).

- Schmid, André. "Reassessing the Origins of the Korean War", Modern Asian Studies, Vol. 34, No. 1, 2000.
- Shen Zhihua. Mao, Stalin and the Korean War. Routledge, 2012.
- Shen, Zhihua. Mao, Stalin and the Korean War. London: Routledge, 2012.
- Shen Zhihua, "China and the Origins of the Korean War", Journal of

Cold War Studies, Vol. 2, No. 1, 2000.
- Shen, Zhihua. Mao, Stalin and the Korean War. New York: Routledge, 2012.
- Simmons, Edwin H. The United States Marines: A History. Naval Institute Press, 2003.
- Stokesbury, James L. A Short History of the Korean War. Harper Perennial, 1988.
- Stokesbury, James L. A Short History of the Korean War. New York: Harper & Row, 1988.
- Stueck, William. Rethinking the Korean War: A New Diplomatic and Strategic History. Princeton University Press, 2002.
- Stueck, William. The Korean War: An International History (Princeton University Press, 1995).
- Stueck, William. The Korean War: An International History. Princeton: Princeton University Press, 1995.
- Stueck, The Korean War.
- Thornton, Richard C. Odd Man Out: Truman, Stalin, Mao, and the Origins of the Korean War. Brassey's, 2000.
- The Cairo Declaration, 1943.
- The Potsdam Declaration, 1945.
- Toland, John. In Mortal Combat: Korea, 1950-1953. Harper Perennial, 1991.
- Toland, John. The Rising Sun. Random House, 1970.
- Truman, Harry S. Memoirs: Years of Trial and Hope. Doubleday, 1956.
- U.S. Department of State. Foreign Relations of the United States (FRUS), 1943-1945.
- U.S. Department of State. Foreign Relations of the United States (FRUS), 1949, Volume VII, The Far East and Australasia, Washington

D.C., 1976.
- U.S. Department of State. Foreign Relations of the United States (FRUS), 1949-1950, Korea. Government Printing Office.
- U.S. Department of the Army. No Gun Ri Review Report. Washington, D.C., 2001.
- U.S. Department of the Army. Report of the U.S. Army Inspector General on the No Gun Ri Incident. Washington, D.C.: U.S. Government Printing Office, 2001.
- U.S. Marine Corps Historical Division. Operations in Korea, 1950-1953. Washington D.C., 1955.
- U.S. Military Government in Korea (USAMGIK), Internal Political Reports, 1945-1947.
- U.S. National Security Council, NSC 48/2: The Position of the United States with Respect to Asia, December 30, 1950.
- UN Security Council, Resolution 82, 1950.6.25.
- United Nations, Repertoire of the Practice of the Security Council, 1950.
- United Nations Security Council, Resolution 82 (1950), S/1501.
- United Nations Security Council, Resolution 83 (S/1511), 27 June 1950.
- United Nations Security Council, Resolution 84 (1950), S/1588.
- United Nations Security Council, Resolution 84 (1950), S/1588.
- Weathersby, Kathryn. "New Findings on the Korean War." Cold War International History Project Bulletin, Issue 3, Fall 1993.
- Weathersby, Kathryn. "New Russian Documents on the Korean War." Cold War International History Project Bulletin, No. 6-7, 1995.
- Weathersby, Kathryn. "Soviet Aims in Korea and the Origins of the Korean War, 1945-1950." Cold War International History Project Working Paper No. 8, 1993.

- Weathersby, Kathryn. Soviet Aims in Korea and the Origins of the Korean War, 1945-1950. Washington D.C.: CWIHP, 1993.
- Weintraub, Stanley. MacArthur's War: Korea and the Undoing of an American Hero. Free Press, 2000.
- Westad, Odd Arne, The Global Cold War, Cambridge University Press, 2005.
- William Stueck. The Korean War: An International History. Princeton University Press, 1995.
- Zhang, Shu Guang. Mao's Military Romanticism: China and the Korean War, 1950-1953. Lawrence: University Press of Kansas, 1995.

미주

1 U.S. Department of State, Foreign Relations of the United States (FRUS), The Cairo Conference, 1943, Doc. 402.
2 The Cairo Declaration, November 27, 1943.
3 김용삼, 『6·25 전쟁의 진실』, 백년동안, 2020, p.18.
4 E.C. Drumright, "Korean Concerns Regarding Chinese Trusteeship," U.S. Department of State Archives, 1944.
5 The Potsdam Declaration, July 26, 1945, Article 8.
6 John Toland, The Rising Sun: The Decline and Fall of the Japanese Empire, Random House, 1970, p.896.
7 이민웅, 『분단과 전쟁의 역사』, 선인, 2015, p.46.
8 강준만, 『한국현대사산책 1940년대편』, 인물과사상사, 2004, p.54.
9 Bruce Cumings, The Origins of the Korean War, Princeton University Press, 1981, p.32.
10 John Toland, The Rising Sun, Random House, 1970, p.944.
11 Andrei Lankov, From Stalin to Kim Il Sung, Rutgers University Press, 2002, p.35.
12 강동관, 『스탈린과 김일성』, 역사비평사, 2000, p.112.
13 김학준, 『김일성 전기』, 을유문화사, 1992, p.201.

14 김삼웅,『여운형 평전』, 시대의창, 2005, p.273.
15 정안기,『테러리스트 김구』, 2024, p.181.
16 이정식,『한국공산주의운동사』, 고려대학교출판부, 1984, p.98.
17 박태균,『박헌영과 남로당』, 역사비평사, 1996, p.122.
18 강준만, 앞의 책, p.144.
19 한홍구,『대한민국史 1』, 한겨레출판, 2003, p.206.
20 같은 책, p.218.
21 Robert T. Oliver, Syngman Rhee and American Involvement in Korea, Dodd, Mead & Company, 1954, p.17.
22 이주영,『이승만과 대한민국 건국』, 기파랑, 2010, p.83.
23 Oliver, 앞의 책, p.152.
24 김영호,『제헌국회와 대한민국 건국』, 백산서당, 2008, p.201.
25 안병직 외,『해방 전후사의 인식』, 한길사, 1985, pp.85-89.
26 미군정 문서, USAMGIK Internal Reports, 1945.
27 강만길,『한국현대사 1』, 창작과비평사, 2002, p124.
28 김학준,『박헌영 평전』, 시사IN북, 2015, pp.222-223.
29 이민웅,『분단과 전쟁의 역사』, 선인, 2015, pp.64-70.
30 박태균,『박헌영과 남로당』, 역사비평사, 1996, p.122.
31 이정식,『한국공산주의운동사』, 고려대학교출판부, 1984, p.98.
32 강준만,『한국현대사산책 1940년대편』, 인물과사상사, 2004, p.67.
33 박태균,『한국전쟁』, 책과함께, 2005, p.36.
34 Bruce Cumings, The Origins of the Korean War, Princeton University Press, 1981, p.41.
35 Andrei Lankov, From Stalin to Kim Il Sung, Rutgers University Press, 2002, p.35.
36 이주영,『이승만과 대한민국 건국』, 기파랑, 2010, p.83.
37 김학준,『김구와 대한민국』, 을유문화사, 2002, p.251.
38 김영호,『제헌국회와 대한민국 건국』, 백산서당, 2008, p.87.
39 한홍구,『대한민국史 1』, 한겨레출판, 2003, p.184.

40 강준만, 앞의 책, p.70.
41 박명림,『한국전쟁의 발발과 기원 1』, 나남, 1996, p.210.
42 김영호, 앞의 책, p.92.
43 박태균,『박헌영과 남로당』, 역사비평사, 1996, p.122.
44 김삼웅,『여운형 평전』, 시대의창, 2005, p.273.
45 이정식,『한국공산주의운동사』, 고려대학교출판부, 1984, p.98.
46 강준만,『한국현대사산책 1940년대편』, 인물과사상사, 2004, p.67.
47 이정식, 앞의 책, p.132.
48 박태균, 앞의 책, p.41.
49 Bruce Cumings, The Origins of the Korean War, Princeton University Press, 1981, p.41.
50 한홍구, 앞의 책, p.206.
51 이주영,『이승만과 대한민국 건국』, 기파랑, 2010, p.83.
52 김학준,『김구와 대한민국』, 을유문화사, 2002, p.251.
53 김영호,『제헌국회와 대한민국 건국』, 백산서당, 2008, p.87.
54 한홍구,『대한민국史 1』, 한겨레출판, 2003, p.184.
55 이주영, 앞의 책, p.101.
56 김영호, 앞의 책, p.92.
57 강준만, 앞의 책, p.70.
58 박명림, 앞의 책, p.215.
59 박태균,『한국전쟁』, 책과함께, 2005, p.36.
60 박명림,『한국전쟁의 발발과 기원 1』, 나남, 1996, p.210.
61 Bruce Cumings, The Origins of the Korean War, Princeton University Press, 1981, p.45.
62 김삼웅,『여운형 평전』, 시대의창, 2005, p.295.
63 한홍구,『대한민국史 1』, 한겨레출판, 2003, p.189.
64 강준만,『한국현대사산책 1940년대편』, 인물과사상사, 2004, p.72.
65 김삼웅,『여운형 평전』, 시대의창, 2005, p.295.
66 같은 책, p.297.

67　이정식, 『한국공산주의운동사』, 고려대학교출판부, 1984, p.132.
68　강준만, 앞의 책, p.73.
69　한홍구, 앞의 책, p.191.
70　박태균, 앞의 책, p.42.
71　김영호, 앞의 책, p.92.
72　김영호, 『제헌국회와 대한민국 건국』, 백산서당, 2008, p.90.
73　김학준, 『김구와 대한민국』, 을유문화사, 2002, p.257.
74　Bruce Cumings, The Origins of the Korean War, Princeton University Press, 1981, p.45.
75　박명림, 『한국전쟁의 발발과 기원 1』, 나남, 1996, p.210.
76　박태균, 『한국전쟁』, 책과함께, 2005, p.36.
77　Andrei Lankov, From Stalin to Kim Il Sung, Rutgers University Press, 2002, p.35.
78　강준만, 『한국현대사산책 1940년대편』, 인물과사상사, 2004, p.72.
79　한홍구, 『대한민국史 1』, 한겨레출판, 2003, p.189.
80　김영호, 『제헌국회와 대한민국 건국』, 백산서당, 2008, p.90.
81　김학준, 『김구와 대한민국』, 을유문화사, 2002, p.257.
82　김학준, 『김구와 대한민국』, 을유문화사, 2002, p.257.
83　박명림, 『한국전쟁의 발발과 기원 1』, 나남, 1996, p.218.
84　Bruce Cumings, The Origins of the Korean War, Princeton University Press, 1981, p.49.
85　김영호, 『제헌국회와 대한민국 건국』, 백산서당, 2008, p.201.
86　4. 김학준, 『김일성 전기』, 을유문화사, 1992, p.238.
87　한홍구, 『대한민국史 1』, 한겨레출판, 2003, p.202.
88　대한민국 제헌헌법 제3조, 1948년 7월 17일.
89　United Nations General Assembly Resolution 195 (III), 12 December, 1948.
90　조선민주주의인민공화국 헌법, 1948년 9월 8일 제정
91　위키백과, 제1기 최고인민회의 대의원 선거

92 이영훈, 『해방 전후사의 재인식』, 서울: 기파랑, 2006.
93 "Yalta Conference | Summary, Dates, Consequences, & Facts". 《Encyclopedia Britannica》 (영어). (2021년 11월 4일에 확인함)
94 강만길, 『분단의 역사 인식』, 서울: 창비, 1998.
95 김학준, 『한국 현대사』, 서울: 동아일보사, 1987.
96 Bruce Cumings, The Origins of the Korean War, Vol.1, Princeton: Princeton University Press, 1981.
97 Bruce Cumings, Korea's Place in the Sun: A Modern History, New York: Norton, 1997.
98 Charles K. Armstrong, The North Korean Revolution, 1945-1950, Ithaca: Cornell University Press, 2003.
99 한국일보, 2021.07.18.
100 William Stueck, The Korean War: An International History, Princeton: Princeton University Press, 1995.
101 유영익, 『한국전쟁의 발발과 기원』, 서울: 서울대학교출판부, 1991.
102 John Merrill, The Cheju-do Rebellion, Honolulu: University of Hawaii Press, 1989.
103 Bruce Cumings, The Origins of the Korean War, Volume I: Liberation and the Emergence of Separate Regimes, 1945-1947, Princeton: Princeton University Press, 1981.
104 Bruce Cumings, Korea's Place in the Sun: A Modern History, New York: W. W. Norton & Company, 1997.
105 Charles K. Armstrong, The North Korean Revolution, 1945-1950, Ithaca: Cornell University Press, 2003.
106 William Stueck, The Korean War: An International History, Princeton: Princeton University Press, 1995.
107 『김일성선집』 제1권, 평양: 조선로동당출판사, 1971, p.371.
108 Ibid., p.181.
109 『김일성선집』 1권, 1971.

110　RGASPI 495-74-121
111　『북조선 토지개혁 자료집』
112　『김일성선집』1권, p.371.
113　『미군정기 남로당 연구』
114　RGASPI 495-74-121
115　『조선인민군사』 평양
116　NARA RG 338
117　『로동신문』1948.9.10.
118　러시아 대통령문서보관소(AVP RF)
119　NARA RG 338
120　『毛澤東年譜』
121　RGASPI 495-74-132
122　NARA RG 338
123　박명림,『한국전쟁의 발발과 기원 1』, 나남, 1996, p.312.
124　Kathryn Weathersby, Soviet Aims in Korea and the Origins of the Korean War, Cold War International History Project, 1993, p.4.
125　Chen Jian, China's Road to the Korean War, Columbia University Press, 1994, p.59.
126　박명림, 앞의 책, p.320.
127　김학준, 앞의 책, p.283.
128　Chen Jian, 앞의 책, p.78.
129　William Stueck, The Korean War: An International History, Princeton University Press, 1995, p.49.
130　박명림,『한국전쟁의 발발과 기원 1』, 나남, 1996, p.312.
131　William Stueck, The Korean War: An International History, Princeton University Press, 1995, p.48.
132　김학준,『김일성 전기』, 을유문화사, 1992, p.275.
133　Chen Jian, China's Road to the Korean War, Columbia University Press, 1994, p.59.

134　Kathryn Weathersby, Soviet Aims in Korea and the Origins of the Korean War, Cold War International History Project, 1993, p.4.
135　박명림, 앞의 책, p.320.
136　김학준, 앞의 책, p.283.
137　Chen Jian, 앞의 책, p.78.
138　한홍구, 『대한민국史 1』, 한겨레출판, 2003, p.222.
139　박명림, 앞의 책, p.335.
140　Shen Zhihua, Mao, Stalin and the Korean War (Routledge, 2012), pp.84-86.
141　Kathryn Weathersby, "Soviet Aims in Korea…," 앞의 논문, pp.30-31.
142　Sergey N. Goncharov, John W. Lewis, Xue Litai, Uncertain Partners: Stalin, Mao, and the Korean War (Stanford University Press, 1993), pp.115-118.
143　Shen Zhihua, 앞의 책, pp.45-47.
144　Odd Arne Westad, Decisive Encounters: The Chinese Civil War, 1946-1950 (Stanford University Press, 2003), pp.382-384.
145　United Nations General Assembly Resolution 112(II), 14 November 1947.
146　김학준, 『한국전쟁』, 서울: 나남출판, 2010, pp.55-57.
147　강준만, 『한국 현대사 산책 1940년대편 2』, 인물과사상사, 2004, pp.284-286.
148　한홍구, 『대한민국史 1』, 한겨레출판, 2003, pp.243-245.
149　김학준, 『한국전쟁의 발발과 기원 1』, 서울대학교출판부, 1996, pp.201-210.
150　서중석, 『한국현대사 1945-1990』, 역사비평사, 1999, pp.132-135.
151　김영호, 「북한의 전시체제 구축과 군사력 강화」, 『군사연구』 제57호, 2005, pp.45-49.
152　Kathryn Weathersby, Soviet Aims in Korea and the Origins of the

Korean War, 1945-1950, Cold War International History Project, 1993, pp. 15-20.
153 David M. Glantz, August Storm: The Soviet 1945 Strategic Offensive in Manchuria, Leavenworth Papers, 1983, p. 56.
154 Schnabel, James F., United States Army in the Korean War: Policy and Direction, Office of the Chief of Military History, 1972, p. 35.
155 국방부 군사편찬연구소, 『한국전쟁사 제1권』, 1996, p. 12.
156 Ibid., p. 23.
157 국방부 군사편찬연구소, 앞의 책, p. 42.
158 Ibid., p. 28.
159 Millett, 앞의 책, p. 98.
160 이원덕, 『한국전쟁 전야』, 나남, 2010, p. 85.
161 Ibid., p. 93.
162 해군사관학교, 『대한민국 해군사』, 2010, p. 112.
163 Millett, Allan R., The War for Korea, 1945-1950: A House Burning, University Press of Kansas, 2005, p. 154.
164 국방부 군사편찬연구소, 앞의 책, p. 87.
165 Ibid., p. 166.
166 김영호, 『대한민국 국방사』, 플래닛미디어, 2015, p. 143.
167 해군사관학교, 앞의 책, p. 128.
168 국방부 군사편찬연구소, 앞의 책, p. 153.
169 국방부 군사편찬연구소, 앞의 책, p. 103.
170 Millett, 앞의 책, p. 178.
171 Millett, 앞의 책, p. 210.
172 공군본부, 『대한민국 공군사』, 2010, p. 65.
173 국방부 군사편찬연구소, 앞의 책, p. 162.
174 Kathryn Weathersby, "Stalin, Mao, and the Korean War," Cold War International History Project Working Paper, No. 1, 1993,

p. 7.
175　John Foster Dulles, "Security in the Pacific," Department of State Bulletin, January 1950.
176　국방부 군사편찬연구소, 앞의 책, p. 172.
177　Ibid., p. 181.
178　Ibid., p. 181.
179　『김일성선집』 제1권, 평양: 조선로동당출판사, 1971, p. 371
180　국방부 군사편찬연구소, 『한국전쟁사 제1권』, 국방부 군사편찬연구소, 1996, p. 37.
181　국방부, 1950.6·25. 전황보고 전문.
182　Millett, Allan R., The War for Korea, 1950-1951, University Press of Kansas, 2010, p. 55.
183　Appleman, Roy E., South to the Naktong, North to the Yalu, United States Army Center of Military History, 1961, p. 18.
184　국방부 군사편찬연구소, 『한국전쟁사 제1권』, p. 42.
185　Hastings, Max, The Korean War, Simon & Schuster, 1987, p. 49.
186　동아일보, 1950년 6월 25일 자.
187　U.S. Department of State, Foreign Relations of the United States, 1950, Vol. VII, p. 151.
188　United Nations Security Council, Resolution 82 (1950), S/1501.
189　Weathersby, Kathryn, Soviet Aims in Korea and the Origins of the Korean War, 1945-1950, Cold War International History Project Working Paper No. 8, 1993, p. 22.
190　국방부 군사편찬연구소, 『한국전쟁사 제1권』, p. 33.
191　Appleman, Roy E., South to the Naktong, North to the Yalu, p. 19.
192　국방부 군사편찬연구소, 『한국전쟁사 제1권』, 국방부 군사편찬연구소, 1996, p. 52.
193　Appleman, Roy E., South to the Naktong, North to the Yalu, United States Army Center of Military History, 1961, p. 24.

194 Hastings, Max, The Korean War, Simon & Schuster, 1987, p. 53.
195 Millett, Allan R., The War for Korea, 1950-1951, University Press of Kansas, 2010, p. 60.
196 경향신문, 1950년 6월 27일 자.
197 국방부 군사편찬연구소, 『한국전쟁사 제1권』, p. 61.
198 Hastings, Max, The Korean War, p. 55.
199 Cumings, Bruce, The Korean War: A History, Modern Library, 2010, p. 87.
200 Appleman, Roy E., South to the Naktong, North to the Yalu, p. 26.
201 국방부 군사편찬연구소, 『한국전쟁사 제1권』, p. 64.
202 Weathersby, Kathryn, Soviet Aims in Korea and the Origins of the Korean War, 1945-1950, Cold War International History Project Working Paper No. 8, 1993, p. 28.
203 동아일보, 1950년 6월 29일 자.
204 Millett, Allan R., The War for Korea, 1950-1951, p. 65.
205 Hastings, Max, The Korean War, p. 59.
206 United Nations Security Council, Resolution 83 (1950), S/1511.
207 국방부 군사편찬연구소, 『한국전쟁사 제1권』, 국방부 군사편찬연구소, 1996, p. 71.
208 Appleman, Roy E., South to the Naktong, North to the Yalu, United States Army Center of Military History, 1961, p. 31.
209 Millett, Allan R., The War for Korea, 1950-1951, University Press of Kansas, 2010, p. 72.
210 Hastings, Max, The Korean War, Simon & Schuster, 1987, p. 63.
211 국방부 군사편찬연구소, 『한국전쟁사 제1권』, p. 74.
212 Appleman, Roy E., South to the Naktong, North to the Yalu, p. 33.
213 Millett, Allan R., The War for Korea, 1950-1951, p. 74.
214 국방부 군사편찬연구소, 『한국전쟁사 제1권』, p. 78.
215 Hastings, Max, The Korean War, p. 65.

216 Cumings, Bruce, The Korean War: A History, Modern Library, 2010, p.91.
217 Appleman, Roy E., South to the Naktong, North to the Yalu, p.35.
218 국방부 군사편찬연구소, 『한국전쟁사 제1권』, p.80.
219 Millett, Allan R., The War for Korea, 1950-1951, p.75.
220 Hastings, Max, The Korean War, p.66.
221 동아일보, 1950년 6월 27일 자.
222 국방부 군사편찬연구소, 『한국전쟁사 제1권』, 국방부 군사편찬연구소, 1996, p.84.
223 Appleman, Roy E., South to the Naktong, North to the Yalu, United States Army Center of Military History, 1961, p.39.
224 Hastings, Max, The Korean War, Simon & Schuster, 1987, p.69.
225 Millett, Allan R., The War for Korea, 1950-1951, University Press of Kansas, 2010, p.81.
226 Cumings, Bruce, The Korean War: A History, Modern Library, 2010, p.96.
227 국방부 군사편찬연구소, 『한국전쟁사 제1권』, p.86.
228 Hastings, Max, The Korean War, p.70.
229 경향신문, 1950년 6월 29일 자.
230 Millett, Allan R., The War for Korea, 1950-1951, p.82.
231 Cumings, Bruce, The Korean War: A History, p.97.
232 국방부 군사편찬연구소, 『한국전쟁사 제1권』, p.88.
233 Hastings, Max, The Korean War, p.71.
234 국방부 군사편찬연구소, 『한국전쟁사 제1권』, 국방부 군사편찬연구소, 1996, p.92.
235 Hastings, Max, The Korean War, Simon & Schuster, 1987, p.73.
236 국방부 군사편찬연구소, 『한국전쟁사 제1권』, p.94.
237 Appleman, Roy E., South to the Naktong, North to the Yalu, United States Army Center of Military History, 1961, p.42.

238 Millett, Allan R., The War for Korea, 1950-1951, University Press of Kansas, 2010, p. 85.
239 경향신문, 1950년 6월 30일 자.
240 국방부 군사편찬연구소, 『한국전쟁사 제1권』, p. 95.
241 Hastings, Max, The Korean War, p. 74.
242 Appleman, Roy E., South to the Naktong, North to the Yalu, p. 44.
243 Millett, Allan R., The War for Korea, 1950-1951, p. 86.
244 국방부 군사편찬연구소, 『한국전쟁사 제1권』, p. 97.
245 Hastings, Max, The Korean War, p. 75.
246 Appleman, Roy E., South to the Naktong, North to the Yalu, p. 45.
247 Millett, Allan R., The War for Korea, 1950-1951, p. 87.
248 United Nations Security Council, Resolution 84 (1950), S/1588.
249 국방부 군사편찬연구소, 『한국전쟁사 제1권』, 국방부 군사편찬연구소, 1996, p. 102.
250 Hastings, Max, The Korean War, Simon & Schuster, 1987, p. 78.
251 Appleman, Roy E., South to the Naktong, North to the Yalu, United States Army Center of Military History, 1961, p. 51.
252 Millett, Allan R., The War for Korea, 1950-1951, University Press of Kansas, 2010, p. 94.
253 Hastings, Max, The Korean War, p. 80.
254 Alexander, Bevin, Korea: The First War We Lost, Hippocrene Books, 1986, p. 145.
255 Appleman, Roy E., South to the Naktong, North to the Yalu, p. 60.
256 Millett, Allan R., The War for Korea, 1950-1951, p. 96.
257 Hastings, Max, The Korean War, p. 82.
258 국방부 군사편찬연구소, 『한국전쟁사 제1권』, p. 108.
259 Appleman, Roy E., South to the Naktong, North to the Yalu, p. 63.
260 Millett, Allan R., The War for Korea, 1950-1951, p. 98.
261 국방부 군사편찬연구소, 『한국전쟁사 제1권』, p. 110.

262 Alexander, Bevin, Korea: The First War We Lost, p.150.
263 Hastings, Max, The Korean War, p.85.
264 Appleman, Roy E., South to the Naktong, North to the Yalu, p.65.
265 국방부 군사편찬연구소, 『한국전쟁사 제1권』, 국방부 군사편찬연구소, 1996, p.108.
266 Hastings, Max, The Korean War, Simon & Schuster, 1987, p.78.
267 Appleman, Roy E., South to the Naktong, North to the Yalu, United States Army Center of Military History, 1961, p.63.
268 Millett, Allan R., The War for Korea, 1950-1951, University Press of Kansas, 2010, p.98.
269 Hastings, Max, The Korean War, p.80.
270 국방부 군사편찬연구소, 『한국전쟁사 제1권』, p.110.
271 Appleman, Roy E., South to the Naktong, North to the Yalu, p.65.
272 Millett, Allan R., The War for Korea, 1950-1951, p.100.
273 Hastings, Max, The Korean War, p.82.
274 국방부 군사편찬연구소, 『한국전쟁사 제1권』, p.112.
275 Appleman, Roy E., South to the Naktong, North to the Yalu, p.67.
276 Alexander, Bevin, Korea: The First War We Lost, Hippocrene Books, 1986, p.150.
277 Hastings, Max, The Korean War, p.85.
278 Millett, Allan R., The War for Korea, 1950-1951, p.103.
279 Appleman, Roy E., South to the Naktong, North to the Yalu, p.69.
280 강준영, 『한국전쟁과 국제정치』, 박영사, 2010, p. 142.
281 United Nations Security Council, Resolution 82, S/1501, 25 June 1950.
282 United Nations Security Council, Resolution 83, S/1511, 27 June 1950.
283 United Nations Security Council, Resolution 84, S/1588, 29 June 1950.

284 Westad, Odd Arne, The Global Cold War, Cambridge University Press, 2005, p.85.

285 Appleman, Roy E. South to the Naktong, North to the Yalu, U.S. Army Center of Military History, 1961, pp.383-385.

286 Alexander, Bevin. Korea: The First War We Lost, Hippocrene Books, 1986, pp.146-148.

287 Fehrenbach, T. R. This Kind of War, Brassey's, 1994, pp.264-266.

288 U.S. Marine Corps History Division, The Inchon-Seoul Operation, 1955, pp.45-48.

289 Millett, Allan R. The War for Korea, 1950-1951, University Press of Kansas, 2010, pp.312-314.

290 Millett, Allan R. The War for Korea, 1950-1951, University Press of Kansas, 2010, pp.312-314.

291 Millett, Allan R. The War for Korea, 1950-1951, University Press of Kansas, 2010, pp.312-314.

292 Appleman, Roy E., South to the Naktong, North to the Yalu (June-November 1950), Center of Military History, U.S. Army, 1992, p.559.

293 국방군사연구소, 『한국전쟁사 제3권: 반격과 북진』, 국방부, 1997, p.215.

294 Millett, Allan R., The War for Korea, 1950-1951: They Came from the North, University Press of Kansas, 2010, p.324.

295 Hastings, Max, 『한국전쟁』, 김병익 역, 범우사, 1989, p.298.

296 Goncharov, Sergei et al., Uncertain Partners: Stalin, Mao, and the Korean War, Stanford University Press, 1993, p.189.

297 Weathersby, Kathryn, "Soviet Aims in Korea and the Origins of the Korean War, 1945-1950," Cold War International History Project Working Paper No. 8, 1993, p.41.

298 김학준, 『한국전쟁과 국제정치』, 서울: 세종연구소, 2000, p.241.

299 Shen Zhihua, Mao, Stalin and the Korean War, Routledge, 2012, p.198.

300 Roy E. Appleman, South to the Naktong, North to the Yalu, CMH Pub, 1961, p.650.

301 이기택, 『한국전쟁사』, 서울: 국방군사연구소, 1995, p.312.

302 Kathryn Weathersby, "New Russian Documents on the Korean War," Cold War International History Project Bulletin, No. 6-7(1995), p.40.

303 Shen Zhihua, Mao, Stalin and the Korean War, Routledge, 2012, p.200.

304 Weathersby, Kathryn. "New Russian Documents on the Korean War." Cold War International History Project Bulletin, No. 6-7(1995).

305 이기택, 앞의 책, p.314.

306 공청단 중앙문헌연구실, 『항미원조전사』, 북경: 해방군출판사, 1990, p.85.

307 Shen Zhihua, 앞의 책, p.203.

308 김학준, 앞의 책, p.243.

309 Roy E. Appleman, 앞의 책, p.702.

310 Appleman, Roy E., South to the Naktong, North to the Yalu, United States Army Center of Military History, 1961, pp.675-678.

311 Hastings, Max, The Korean War, Simon & Schuster, 1987, p.232.

312 Weintraub, Stanley, MacArthur's War: Korea and the Undoing of an American Hero, Free Press, 2000, pp.154-156.

313 Truman, Harry S., Memoirs: Years of Trial and Hope, Doubleday, 1956, p.374.

314 Millett, Allan R., The War for Korea, 1950-1951: They Came from the North, University Press of Kansas, 2010, pp.321-323.

315 Halberstam, David, The Coldest Winter: America and the Korean

War, Hyperion, 2007, pp. 401-405.
316 Brands, H. W., The General vs. the President: MacArthur and Truman at the Brink of Nuclear War, Doubleday, 2016, pp. 85-88.
317 Shen Zhihua, Mao, Stalin and the Korean War, Routledge, 2012, pp. 203-205.
318 Appleman, Roy E., South to the Naktong, North to the Yalu, United States Army Center of Military History, 1961, pp. 713-720.
319 Millett, Allan R., The War for Korea, 1950-1951: They Came from the North, University Press of Kansas, 2010, pp. 312-315.
320 한국전쟁사편찬위원회, 『한국전쟁사 제3권』, 국방부 군사편찬연구소, 1997, pp. 452-460.
321 Hastings, Max, The Korean War, Simon & Schuster, 1987, pp. 243-250.
322 Appleman, Roy E., East of Chosin: Entrapment and Breakout in Korea, 1950, Texas A&M University Press, 1987, p. 3.
323 Millett, Allan R., The War for Korea, 1950-1951: They Came from the North, University Press of Kansas, 2010, p. 253.
324 Alexander, Bevin, Korea: The First War We Lost, Hippocrene Books, 1986, p. 168.
325 Montross, Lynn, U.S. Marine Operations in Korea 1950-1953, Volume III: The Chosin Reservoir Campaign, U.S. Marine Corps, 1957, pp. 105-110.
326 Simmons, Edwin H., The United States Marines: A History, Naval Institute Press, 2003, p. 229.
327 Appleman, Roy E., East of Chosin, p. 215.
328 Farrar-Hockley, Anthony, The British Part in the Korean War, Volume I, HMSO, 1990, p. 367.
329 Millett, Allan R., The War for Korea, p. 311.
330 Stokesbury, James L., A Short History of the Korean War, Harper

Perennial, 1988, p.191.

331 Ministry of National Defense, History of the ROK Armed Forces, Seoul, 1990, p.412.

332 Appleman, Roy E., South to the Naktong, North to the Yalu, U.S. Army Center of Military History, 1992, p.735.

333 Millett, Allan R., Their War for Korea, Brassey's, 2002, p.286.

334 한국국방연구원, 『한국전쟁사 제6권』, 서울, 1997, p.212.

335 Simmons, Edwin H., The United States Marines: A History, Naval Institute Press, 2003, p.241.

336 Farrar-Hockley, Anthony, The British Part in the Korean War, Volume II, HMSO, 1995, p.144.

337 U.S. Marine Corps Historical Division, Operations in Korea, 1950-1953, Washington D.C., 1955, p.329.

338 Millett, Allan R., The War for Korea, 1950-1951, University Press of Kansas, 2010, p.379.

339 Stokesbury, A Short History of the Korean War, p.194.

340 Appleman, Roy E. South to the Naktong, North to the Yalu. Washington, D.C.: U.S. Army Center of Military History, 1961.

341 Cumings, Bruce. The Korean War: A History. New York: Modern Library, 2010.

342 한국국방연구원. 『한국전쟁사』 제6권. 서울: 한국국방연구원, 1997.

343 정병준. 『이승만과 한미관계』. 서울: 역사비평사, 2001.

344 박명림. 『한국전쟁의 발발과 기원 2: 전쟁의 확대와 국제전』. 서울: 나남출판, 1996.

345 주한미국대사관. 「한미상호방위조약 전문」. 1953.

346 최영호. 『한미동맹과 한국안보』. 서울: 세종연구소, 2003.

347 Rees, David. Korea: The Limited War. London: Macmillan, 1964.

348 국방부. 『국방백서』. 서울: 대한민국 국방부, 각년도

349 Appleman, Roy E. South to the Naktong, North to the Yalu.

Washington, D.C.: U.S. Army Center of Military History, 1961.
350 Rees, David. Korea: The Limited War. London: Macmillan, 1964.
351 장세윤. 『맥아더와 인천상륙작전』. 서울: 플래닛미디어, 2010.
352 국방부. 『한국전쟁사』 제5권. 서울: 대한민국 국방부, 1978.
353 Millett, Allan R. The War for Korea, 1950-1951. Lawrence: University Press of Kansas, 2010.
354 Hastings, Max. The Korean War. London: Pan Macmillan, 1987.
355 한국국방연구원. 『한국전쟁사』 제3권. 서울: 한국국방연구원, 1997.
356 Cumings, Bruce. The Korean War: A History. New York: Modern Library, 2010.
357 국방부 군사편찬연구소. 『한국전쟁사』 제4권. 서울: 국방부, 2005.
358 Chen, Jian. China's Road to the Korean War. New York: Columbia University Press, 1994.
359 Zhang, Shu Guang. Mao's Military Romanticism: China and the Korean War, 1950-1953. Lawrence: University Press of Kansas, 1995.
360 Stokesbury, James L. A Short History of the Korean War. New York: Harper & Row, 1988.
361 한국국방연구원. 『한국전쟁사』 제6권. 서울: 한국국방연구원, 1997.
362 박명림. 『한국전쟁의 발발과 기원 2』. 서울: 나남출판, 1996.
363 정병준. 『이승만과 한미관계』. 서울: 역사비평사, 2001.
364 Hammel, Eric. Korea: The Untold Story. New York: Contemporary Books, 1985.
365 주한미국대사관. 「한미상호방위조약 전문」. 1953.
366 최영호. 『한미동맹과 한국안보』. 서울: 세종연구소, 2003.
367 Associated Press Special Report. "The Bridge at No Gun Ri." The Associated Press, September 29, 1999.
368 U.S. Department of the Army. No Gun Ri Review Report. Washington, D.C., 2001.

369 정운현. 『그때 그 사람들: 노근리 사건의 진실』. 서울: 한겨레출판, 2009.

370 국방부 과거사위원회. 『거창사건 조사보고서』. 서울: 국방부, 2004.

371 국회 거창사건진상조사단. 『거창사건 진상보고서』. 서울: 대한민국 국회, 1951.

372 한국전쟁기 민간인학살 진상규명위원회. 『한국전쟁기 민간인 희생사건 종합보고서』. 서울: 진실·화해를 위한 과거사정리위원회, 2010.

373 Hastings, Max. The Korean War. London: Pan Macmillan, 1987.

374 국방부 군사편찬연구소. 『한국전쟁사』 제2권. 서울: 국방부, 2005.

375 진실·화해를 위한 과거사정리위원회. 『국민보도연맹 사건 조사보고서』. 서울: 과거사위원회, 2010.

376 김영호. 『신천학살과 한국전쟁』. 서울: 선인, 2009.

377 Suh, Dae-Sook. Korean Communism 1945-1980. Honolulu: University of Hawaii Press, 1981.

378 Chen, Jian. China's Road to the Korean War. New York: Columbia University Press, 1994.

379 대한적십자사. 『한국전쟁 납북자 통계보고서』. 서울: 대한적십자사, 2005.

380 박명림. 『한국전쟁의 발발과 기원 2』. 서울: 나남출판, 1996.

381 International Committee of the Red Cross (ICRC). Geneva Convention Relative to the Protection of Civilian Persons in Time of War (Fourth Geneva Convention), 1949.

382 Associated Press Special Report. "The Bridge at No Gun Ri." The Associated Press, September 29, 1999.

383 U.S. Department of the Army. No Gun Ri Review Report. Washington, D.C., 2001.

384 국방부 과거사위원회. 『거창사건 조사보고서』. 서울: 국방부, 2004.

385 진실·화해를 위한 과거사정리위원회. 『한국전쟁기 민간인 희생사건 종합보고서』. 서울: 과거사위원회, 2010.

386 International Committee of the Red Cross (ICRC). Geneva Convention Relative to the Protection of Civilian Persons in Time of War (Fourth Geneva Convention), 1949.

387 Hastings, Max. The Korean War. London: Pan Macmillan, 1987.

388 Chen, Jian. China's Road to the Korean War. New York: Columbia University Press, 1994.

389 U.S. Department of the Army. Report of the U.S. Army Inspector General on the No Gun Ri Incident. Washington, D.C.: U.S. Government Printing Office, 2001.

390 국회 거창사건 특별조사위원회, 『거창사건 조사보고서』, 1951.

391 국사편찬위원회, 『한국전쟁사』 제3권, 서울: 국사편찬위원회, 1977.

392 한홍구, 『대한민국史 2: 전쟁과 분단의 시대』, 서울: 한길사, 2003.

393 김영호, 「중공군 점령지 민간인 피해 연구」, 『한국전쟁연구』 제12집, 2015.

394 박명림, 『한국전쟁의 발발과 기원 2』, 서울: 나남출판, 1996.

395 Cumings, Bruce. The Origins of the Korean War, Vol. 1: Liberation and the Emergence of Separate Regimes, 1945-1947. Princeton: Princeton University Press, 1981.

396 Cumings, Bruce. The Origins of the Korean War, Vol. 2: The Roaring of the Cataract, 1947-1950. Princeton: Princeton University Press, 1990.

397 Ibid., Vol. 2, pp. 431-450.

398 Stueck, William. The Korean War: An International History. Princeton: Princeton University Press, 1995.

399 Shen, Zhihua. Mao, Stalin and the Korean War. London: Routledge, 2012.

400 Weathersby, Kathryn. "New Findings on the Korean War." Cold War International History Project Bulletin, Issue 3, Fall 1993.

401 박명림. 『한국전쟁의 발발과 기원 2: 전쟁의 확대와 국제전』. 서울:

나남출판, 1996.

402 하용출. 『한국전쟁: 새로운 이해』. 서울: 연세대학교 출판부, 2000.

403 김학준, 『한국전쟁의 발발과 기원』, 서울: 일조각, 1991, pp. 52-54.

404 Kathryn Weathersby, "Stalin, Mao, and the Korean War," Cold War International History Project, 1993, p. 4.

405 이완범, 『남로당 연구』, 서울: 선인, 2008, pp. 213-215.

406 강준만, 『한국현대사 산책 1940년대편 2』, 인물과사상사, 2004, pp. 154-158.

407 박명림, 『한국전쟁의 발발과 기원 2』, 나남, 1996, pp. 219-223.

408 Allan R. Millett, The War for Korea, 1945-1950: A House Burning, University Press of Kansas, 2005, pp. 265-270.

409 김영호, 『신천학살과 한국전쟁』, 서울: 선인, 2009, p. 83.

410 Bruce Cumings, The Origins of the Korean War, Vol. 2, Princeton University Press, 1990, pp. 612-615.

411 Cumings, Bruce. The Origins of the Korean War, Vol. 1: Liberation and the Emergence of Separate Regimes, 1945-1947. Princeton University Press, 1981.

412 Acheson, Dean. "Crisis in Asia - An Examination of U.S. Policy." Department of State Bulletin, January 12, 1950.

413 Millett, Allan R. The War for Korea, 1945-1950: A House Burning. University Press of Kansas, 2005.

414 Rees, David. Korea: The Limited War. St. Martin's Press, 1964.

415 U.S. Department of State. Foreign Relations of the United States (FRUS), 1949-1950, Korea. Government Printing Office.

416 Stueck, William. Rethinking the Korean War: A New Diplomatic and Strategic History. Princeton University Press, 2002.

417 미국의 국가안보회의가 채택한 정책 문서의 안건 번호이다. NSC-48/2의 정식 제목은 The Position of the United States with Respect to Asia이며, 1950년 12월 30일 트루먼 대통령이 승인했다.

418 U.S. National Security Council, NSC 48/2: The Position of the United States with Respect to Asia, December 30, 1950.

419 Stueck, William, The Korean War: An International History, Princeton University Press, 1995, p. 45.

420 Millett, Allan R., The War for Korea, 1945-1950: A House Burning, University Press of Kansas, 2005, pp. 245-246.

421 U.S. Department of State, Foreign Relations of the United States (FRUS), 1949, Volume VII, The Far East and Australasia, Washington D.C., 1976, pp. 971-973.

422 Ibid., pp. 975-977.

423 Acheson, Dean, Present at the Creation: My Years in the State Department, W.W. Norton, 1969, pp. 355-357.

424 Stueck, The Korean War, p. 53.

425 Weathersby, Kathryn, "Soviet Aims in Korea and the Origins of the Korean War, 1945-1950," Cold War International History Project Working Paper No. 8, 1993, pp. 12-15.

426 Millett, The War for Korea, pp. 240-242.

427 Bennett, Bruce, Preparing for the Possibility of a North Korean Collapse, RAND Corporation, 2013, p. 25.

428 FRUS, 1950, Volume VII, pp. 121-124.

429 국사편찬위원회, 『대한민국사』, 2003, p. 421.

430 김영호, 「역사교과서와 6·25전쟁 서술 변화」, 『한국현대사연구』, 제15호, 2007, pp. 33-35.

431 한겨레신문, "6·25, 냉전의 소용돌이 속에서", 2005. 6. 25.

432 국방부, 『6·25전쟁사 제1권』, 1997, p. 18.

433 조선일보, "북침설 발언 논란", 2002. 9. 12.

434 박명림, 『한국전쟁의 발발과 기원』, 나남, 1996, p. 511.

435 Philippe Devillers, La Guerre de Corée, Seuil, 1953, p. 102.

436 André Schmid, "Reassessing the Origins of the Korean War",

Modern Asian Studies, Vol. 34, No. 1, 2000, p. 155.

437　Kathryn Weathersby, "New Russian Documents on the Korean War", Cold War International History Project Bulletin, No. 6-7, 1995, pp. 30-32.

438　William Stueck, Rethinking the Korean War, Princeton University Press, 2002, pp. 78-80.

439　Judt, Tony. Past Imperfect: French Intellectuals, 1944-1956. University of California Press, 1992, pp. 145-150.

440　Lévy, Bernard-Henri. Barbarism with a Human Face. Harper & Row, 1979, pp. 56-63.

441　Aronson, Ronald. Camus and Sartre: The Story of a Friendship and the Quarrel that Ended It. University of Chicago Press, 2004, pp. 210-215.

442　러시아 외교문서집,『스탈린-김일성 회담록』, 1949. 3. 5.

443　Shen Zhihua, "China and the Origins of the Korean War", Journal of Cold War Studies, Vol. 2, No. 1, 2000, pp. 64-67.

444　전쟁기념관 소장,「북한군 제2군단 작전명령서」, 1950. 6. 20.

445　국방부 군사편찬연구소,『6·25전쟁 전사자료집』, 2010, pp. 55-56.

446　UN Security Council, Resolution 82, 1950. 6. 25.

447　국방부 군사편찬연구소,『한국전쟁사 제1권』(1996), pp. 45-52.

448　Roy E. Appleman, South to the Naktong, North to the Yalu (1961), pp. 90-95.

449　Sergei N. Goncharov 외, Uncertain Partners (1993), pp. 312-316.

450　Bruce Cumings, The Origins of the Korean War (Princeton University Press, 1981).

451　Kathryn Weathersby, "New Findings on the Korean War," Cold War International History Project Bulletin(1993).

452　Dean Acheson, Present at the Creation (W. W. Norton, 1969).

453　김일성,『선집』제1권 (평양: 조선노동당출판사, 1946).

454 Allan R. Millett, The War for Korea, 1945-1950: A House Burning (University Press of Kansas, 2005).

455 William Stueck, The Korean War: An International History (Princeton University Press, 1995).

456 Kathryn Weathersby, 앞의 글.

457 Allan R. Millett, 앞의 책.

458 Bruce Bennett, "A Brief Analysis of the Korean War Origins Debate," RAND Report (1995).

459 Jean-Paul Sartre, 관련 논평 (프랑스 지성계 학술지, 1950년대).

460 국방부 군사편찬연구소, 『6·25전쟁사 제1권: 전쟁의 발발과 초기 전투』, 국방부, 2010, p.45.

461 Bruce Cumings, The Korean War: A History, Modern Library, 2010, p.119.

462 Richard C. Thornton, Odd Man Out: Truman, Stalin, Mao, and the Origins of the Korean War, Brassey's, 2000, p.211.

463 이주영, 「6·25전쟁과 국가안보교육」, 『한국안보학회보』, 제27권 3호, 2012, pp.45-67.

464 John Toland, In Mortal Combat: Korea, 1950-1953, Harper Perennial, 1991, p.527.